子どもと共に育ちあう

エピソード保育者論

第2版

井上孝之 山﨑敦子　編

執筆者一覧

● 編者

井上 孝之（いのうえ たかゆき）　岩手県立大学

山﨑 敦子（やまざき あつこ）　東北福祉大学

● 執筆者（五十音順）

明柴 聰史（あけしば さとし）　富山短期大学 …………………………………… 第6章第2・3節

吾田富士子（あづた ふじこ）　藤女子大学 ……………………………………………… 第4章

井上 孝之（いのうえ たかゆき）　（前出）………………………………………… 序章、第10章

岩井 哲雄（いわい てつお）　山梨大学 ……………………………………………… 第9章第1節

大迫 章史（おおさこ あきふみ）　東北学院大学 …………………………………………… 第10章

大橋美智子（おおはし みちこ）　保育園にじのおうち ………………………………… Column⑧

数馬 清子（かずま きよこ）　札幌西友愛認定こども園 ……………………………… Column⑩

久保田真規子（くぼた まきこ）　新潟中央短期大学 ……………………………… 第6章第1節

後藤さくら（ごとう）　東北福祉大学 ……………………………………………………… Column④

サトシン　絵本作家 ……………………………………………………………………… Column⑥

柴田千賀子（しばた ちかこ）　仙台大学 …………………………………………………… 第11章

島本 一男（しまもと かずお）　諏訪保育園 …………………………………………… Column⑪

清水 桂子（しみず かつらこ）　北翔大学短期大学部 ………………………………… Column②

清多 英羽（せた ひでは）　東北学院大学 ……………………………………… 第2章、Column⑨

高橋さおり（たかはし）　北翔大学短期大学部 ………………………………………… Column⑦

仲 真人（なか まさと）　新潟青陵大学短期大学部 …………………………………… 第1章第1節

梨本 竜子（なしもと りゅうこ）　新潟青陵大学短期大学部 …………………………… 第1章第2節

西川 正晃（にしかわ まさあき）　岐阜聖徳学園大学 ……………………………………… 第8章

畠山 大（はたけやま だい）　岩手県立大学 ………………………………… 第3章、Column③

藤田 清澄（ふじた すみと）　盛岡大学 ……………………………………………………… 第5章

舟山千賀子（ふなやま ちかこ）　飯坂恵泉幼稚園 …………………………………… Column⑤

山﨑 敦子（やまざき あつこ）　（前出）………………………………………… 第7章、Column①

和田 明人（わだ あきひと）　東北福祉大学 ……………………………………… 第9章第2・3節

はじめに

　本書は保育士養成課程の「保育者論」のテキストとして作成しました。しかし、保育者論にとどまらず、新しい時代に求められる保育者の素地づくりのために、保育・教育の「不易と流行」を学び、幅広く活用できるようバランス良く編集しています。

　さて、これまでのさまざまな研究で幼児期からの質の高い教育が、その後の人生に大きく影響することが科学的に明らかになりました。幼児期の生活を充実させるために、2019（令和元）年10月には、幼児教育・保育の無償化がスタートし、幼稚園、保育所、認定こども園などを利用する3歳から5歳児クラスの子ども、住民税非課税世帯の0歳から2歳児クラスまでの子どもの利用料が無償になりました。一方で、少子化の流れは止まらず、2019（令和元）年の年間推計によると、出生数は過去最少の86万4000人となり、少子化のペースが加速していることがわかりました。少子化とはいえ、子ども一人一人の育ちを支えるのは保育者の役割です。

　保育者には、多様なニーズに対応できる専門性が強く求められています。一人一人の子どもの理解や、発達に沿ったカリキュラム作成、環境の構成・再構成、具体的な乳幼児への働きかけがどれほど重要であるかを自覚しなければなりません。また、保育施設には、保護者が育つための支援もこれまで以上に求められています。地域によっては、高齢者との世代間交流の場や、地域の集いの場、緊急時の避難所など、さまざまな役割が期待されることでしょう。

　そこで本書では、本来の保育者の担うべき役割をベースに、今後の社会の趨勢を見すえた新たな保育者の役割について、具体的なエピソードを通して考えていきます。ここでいうエピソードとは、保育の記録だけに限りません。保育や子育てに関する事例やニュース、話題などを幅広く集め、親しみやすく構成しました。

　本書は『子どもと共に育ちあう　エピソード保育者論』の第2版です。2018年施行の保育所保育指針、幼稚園教育要領、幼保連携型認定こども園教育・保育要領に合わせて内容を改訂いたしました。

　保育者養成校での学びは、保育者になるための必要な学びです。さらに、現任保育者の保育現場での学びもまた、保育者としての成長には不可欠です。本書が学生や保育者に活用され、子どもたちの成長に資することができましたら幸いです。

2020年1月

編者　井上孝之

目　次

序章

保育者になるということ

第1節　保育者に向いている人、向いていない人

1 ｜ 子どもは幸せを運ぶ

　最近、あなたが赤ちゃんのほほえみを
見たのはいつのことだろう？　思い出し
てみよう。それはどんなほほえみだった
ろう。赤ちゃんの笑顔を見ているだけで、
優しい気持ちになったり、あやしたこと
に応えて笑ってくれたりすると、とても
幸せな気持ちになる（気分が悪くなる人は
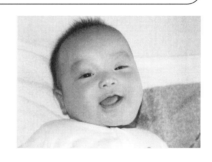
いないよね）。たとえ束の間の出会いでも、赤ちゃんのその後の健やかな成長
を願わずにはいられない気持ちになるだろう。どうやら、赤ちゃんや幼い子
どもの笑顔には、人を癒す力や幸せな気持ちにさせる力があるようだ。その
しぐさは見る者をほほえましい気持ちにさせてくれる。近年、赤ちゃんと触
れ合うことで、心が癒され、幸せな気持ちになる「幸せホルモン」*1が分泌
されることがわかってきた。

　一方で、赤ちゃんの泣き声はそうでもない。「子どもは泣くのが仕事」と
言うが、泣いている理由が分からず応対に困ってしまい、大人のほうが泣き
たくなることもある。昔から「泣く子と地頭には勝てぬ」という言葉がある
ように、泣いている子どもへの対応は昔から大変だったようだ。子どもの泣
き声でイライラしてしまう現代の保護者も、それはそれで仕方がないのかも
しれない。

2 ｜ 誰もがかつては子どもだった

　さて、いつの時代でも、子どもが一人でもいれば、その子に寄り添う大人

*1
　ホルモンの一種で、
オキシトシン等のこと。
母乳を分泌させる働き
もあるほか、人への親
近感や信頼感を増す効
果があるとされる。

の存在が必要である。どんな大人と、どこで、どのように過ごすのか？　それはとても大きな問題だ。なにより、乳幼児期の過ごし方が、その後のその子の成長や大人になってからの生活に大きく影響するからである。

　保育の対象となる乳幼児は、家族と共に過ごすか、保育所や幼稚園、認定こども園などで日中を過ごしている。集団での保育には、必ず保育者が子どもの成長を見守り、寄り添っている。小学校に入学した子どもは、すべてを手取り足取り教えなくても、ある程度は口頭の指示によって先生や友だちと一緒に勉強したり、遊んだり、給食を食べたりして過ごすことができるであろう。しかし、乳幼児は小学生のようにはいかない。ここに、保育者の専門性がある（喜びも苦労も感動もある）。

　人は誰でもかつては子どもだった。誰かにオムツを替えてもらい、一人でトイレに行けるように教えてもらったはずである。また、離乳食を食べさせてもらい、手づかみから、はしやスプーンを使って食べることを学び、着替えが一人でできるようになったのも、誰かがそばに寄り添っていてくれたおかげであろう。保育者になるということは、今度は、自分が誰かに寄り添う番になるということでもある。

3 ｜ 壁にぶつかったときは……

*2
本書では、「保育士」「幼稚園教諭」「保育教諭」をあわせて、乳幼児の保育に携わる職名として「保育者」と表記する。

　次に紹介する文章は、あなたと同じように保育者[*2]を目指す学生が、保育実習指導で聞いた園長先生の講話に対するお礼状の一部である。

エピソード

最後の保育実習に向けて ―――――――

　園長先生の講話の始めに、「実習生の態度で『本当に保育者を目指している人』か、『資格だけを取りたい人』か、『実習に来ただけの人』かが分かる」というお話をうかがって、すごくドキッとしてしまいました。

　私はこれまで、保育所実習、幼稚園実習、乳児院での実習を経験し、自分が理想としていたとおりの楽しさのほかに、予想外に仕事量の多いことやその大変さ、思い描いていたものとのギャップを経験しました。そして、実習や講義を重ねるごとに、どうしても「保育」という仕事の大変な面ばかりを考えてしまい、就職活動を前に、本当にやりたい仕事なのかと自問自答していました。

　そのような時に、園長先生から「モチベーションで保育の質が変わる」というお話を聞き、今の私のモチベーションでは、子どもたちや保護者の方にとって、

> よりよい保育を提供することができないと思いました。と同時に、"モチベーションを上げればよいな" と思いました。ここで "じゃあ、もうダメだ" とは少しも思わなかったことから、私は本当に「保育」という仕事に就きたいのだと再確認することができました。…（略）…本当にありがとうございました。
>
> 鈴木美咲

　園長先生の講話がきっかけで、保育者を目指していた鈴木美咲さんは、自分自身の保育職への思いを新たにすることができた。読者のなかには、幼い頃から保育者を目指してきた方も、高校のインターンシップで初めて保育者の魅力を感じ、保育者への道を歩み始めた方もいるであろう。保育者として子どもや保護者の援助職のプロになるためには、定められた学び（詳しくは第2章で学びます）が必要となる。道のりの途中で壁にぶつかることはあるだろうが、立ち直るきっかけやヒントは、鈴木さんのようにきっと身の回りにあるはずである（がんばろうね）。

4 ｜ 保育者に向いていない人はいない!?

　現役の保育者に話をうかがうと、保育の世界を志したきっかけはさまざまだが、一様に「子どもが好き」と答えが返ってくる。どうやら、保育者は子どもが好きな人の仕事のようだ。しかし、保育者の仕事は、子どもとのかかわりだけではない。保護者との関わりも必須である。特に最近では、保護者の子育てへのアドバイスのプロとして保育者の役割が注目されている。ということは、「子どもが好き」というだけでは務まらない仕事でもあるのだ。

　子どもが大嫌いであれば論外だが、保育者には、子どもや保護者とのコミュニケーションが喜びとして感じられ、同僚の保育者とも楽しく仕事ができる人が向いていると言える。子どもが好きなだけとか、ピアノが上手だとか、工作が得意であることで保育者が務まるわけではないようである。

　保育者は対人援助の仕事である。保育所、幼稚園、認定こども園、児童福祉施設等で、子どもたちへの温かい眼差しと愛情にあふれた関わりができること、保護者や周りの方々と子どもの成長を一緒に喜びあえることが保育者として理想の姿であろう。

　筆者は、極端に人とのコミュニケーションが苦手でなければ、保育者に不向きな人はいないのではないかと思うことがある（自分の良さを生かそう！）。また、保育の知識や技術の秀でた人だけが保育者に向いているわけではなか

ろう。子どもと関わる大人は、決まりきったスキルをもった人々だけではなく、一人一人さまざまな魅力をもった、個性的な保育者の存在が必要なのではないだろうか。保育の場は、子どもが大好きな保育者の特技や個性が発揮できる場であり、それぞれの特技や個性が混じり合ってこそ、個性豊かな子どもたちが育つことができるのであろう。

第2節 教育・保育のこれから

1 保護者の願いの変化

　先日、ある小学校の先生と話をする機会があった。4月から教頭になった彼は、これまでに出会った親子のことを思い出しながら、保護者が子どもを愛する気持ちに変わりはないものの、時代とともに意識に変化がみられることを教えてくれた。

エピソード

小学校の教頭先生の話

　世の中って変わってきてるよね。保護者の気持ちもずいぶん変わったなあと思うよ。教師になったばかりの昭和の終わりの頃は、「先生、うちの息子、ブン殴ってもいいから、しっかり勉強教えてください」って頼まれることが多かった。でもそのうち、体罰が社会問題になってくると、さすがに「ブン殴ってもいい」っていう保護者は少なくなったね。でもその代わり「帰りの時間が遅くなってもいいから、学校に残して勉強教えてください」って言われたりしてさ。

　ところが最近は、教育熱心な親から「塾に遅れるから授業が終わったらすぐに帰してください！」って言われたり、反対に宿題をやってこない子の保護者に家庭学習の協力を依頼すると「それは、先生と息子の約束でしょ。私には関係ないわ」と言われるんだよなあ。子どもがかわいそうだと思うけど、保護者とケンカするわけにもいかないしね。こっちは教員だし、仕事をして給料もらってるんだからね。「子どもの責任は親にある」って教育基本法に書いてあるのに。そんな当たり前のことが、もう当たり前でなくなってきているかもしれないな。先生も大変な時代だ……。

　時代の変化に応じて、保護者も変わってきた。かつては先生の言動が保護者から絶大な支持を得ていて「先生の言うことをききなさい！」と、子どもがしかられる時代もあった。しかし、近頃はそうでもない。園や学校、職員に対して法外な要求をしてくるモンスター・ペアレントと称される保護者が現れた。わが子を大切に思うあまり、子どもにかかわる要望がエスカレートして、さまざまな要望を提示してくる保護者もいるようだ。

　もちろん、保育者と共に子育てに悩みながらも熱心に育児に励む保護者もたくさんいる。保護者が育児に不安を抱いたり、一人で悩んだりすることのないように、子育て支援を行うことも保育者の大切な役割である。保育者は倫理観に裏付けられた専門的知識、技術及び判断をもって、子どもの保護者に対する保育を応援したり、指導したりしながら、保護者と子の関係を支えていくことが必要な時代になっている。

　どんな保護者でも、わが子の成長を喜ばない保護者はいない。わが子がかわいいのは、いつの時代も同じである。現代社会は、子育てに優しい社会ではないかもしれない（少子高齢社会、格差社会、無縁社会、いろいろな問題がある）。しかし、虐待や貧困などによって、子どもの尊い未来が損なわれないように、保育者には保育の場で子どもの育ちを支えることが求められる。

2 ｜ 認定こども園時代の保育者

（1）保育教諭の誕生

　人の意識だけでなく、保育の制度の面でも変化は起きている（こちらも第2章で勉強します）。2015（平成27）年4月、認定こども園法の改正により、「学校及び児童福祉施設としての法的位置付けを持つ単一の施設」として、新たな「幼保連携型認定こども園」が創設された。新たな「幼保連携型認定こども園」は、学校教育と保育を一体的に提供する施設であり、その職員を「保育教諭」*3と称している。保育教諭は、幼稚園教諭免許状と保育士資格の両方の免許・資格を有していることが原則とされている。

　今後、少子社会に合わせて、乳幼児施設の統廃合が行われ、就学前の施設が幼保連携型認定こども園へと収れんされていくとすれば、保育者にとって幼稚園教諭免許状と保育士資格はどちらも必要な免許・資格として求められることになる。

（2）保育教諭の意味

　では、幼稚園教諭免許状と保育士資格をあわせ持つことには、どんな意味

＊3
　幼保連携型認定こども園の勤務に必要な「保育士資格」と「幼稚園教諭免許」の両方をもつ職員のこと。2012（平成24）年に成立した「改正認定こども園法」（就学前の子どもに関する教育、保育等の総合的な提供の推進に関する法律の一部を改正する法律、平成24年法律第66号）により、幼保連携型認定こども園が創設された。これは学校教育（幼稚園）と保育（児童福祉施設）を一体的に提供する施設であるため、勤務する保育教諭は、原則として保育士資格と幼稚園教諭免許を併有する必要がある。

表1 幼稚園免許状と保育士資格の違い

	幼稚園教諭免許状	保育士資格
免許・資格の根拠となる法律	学校教育法に基づく幼稚園の教員免許である（初等教育の小学校に隣接する免許状）。	児童福祉法に定められている。
教育・保育の対象	教育対象者は、幼稚園や認定こども園の満3歳児から小学校就学前までの幼児。	保育所を利用している乳幼児とその保護者、あるいは、乳児院や児童養護施設、障害のある児童の施設等の利用者。

出典：筆者作成

があるのだろうか。両者を比較して考えてみよう（表1）。

　表1にあるとおり、幼稚園教諭に比べると保育士の援助対象は幅広い。そのため、保育士資格を取得するためには、保育所実習のほかに、児童養護施設等での実習も義務づけられている。児童養護施設の利用者の年齢は、18歳未満（場合によっては22歳未満）までであることから、乳幼児のみならず、小学校に就学した児童も含まれている。

　福祉施設における実習において、社会的養護を必要とする児童の生活に寄り添ったり、障害のある利用者の援助に携わることは、とても尊い行いである。そして、利用者の人々の喜びや変容が、保育者自身の喜びともなっていくのである。

（3）子どもの最善の利益のために

　保護者の働き方が多様になり、家族のあり方も変わりつつある現在、保育者には、子どものみならず保護者をエンパワメント*4していく援助が求められる。たとえば、生活苦や病気などの理由により"生きることだけで精一杯"という保護者を支えることは、すぐには結果は出ないかもしれない。また、若い保育者のアドバイスの言葉が、ベテラン保育者と同じアドバイスであっても、保護者の受け止め方は違うかもしれない。しかし、子どもの最善の利益を求めて、保護者や周りの大人への働きかけもまた、保育者の大切な役割である。

　保育教諭とは、これらのことを学修し、保育現場で実践できる力量を兼ね備えていることが求められるのである。

*4
　当事者の力を引き出し高める関わり方。

3 ｜ これからの保育者の役割

（1）自分が変われば周りも変わる

　環境を通して行われる幼児期の教育では、保育者も大切な環境となる。とはいえ、保育者が子どもの環境であるとしても、自分を意識して変えることができるものとそうでないものがあろう。たとえば子どもとかかわる際に、意識して変えられるものは、表2のとおりである。

　保育者の服装や行動も、子どもにとって環境としての大切な要素である。保育者は、子どもが好きな遊びに没頭し、遊びが中心となった充実した生活が営まれるように、自分自身を大事な環境としてとらえ、働きかける必要がある。

　しかし、環境さえ用意すれば子どもは誰でも自分から好きな遊びを見つけて楽しく展開できる、と思ってはいけない。保育者や仲間の遊びに刺激を受けたり、一緒に不思議に思ったりすることで、「うれしい」「楽しい」気持ちになってこそ遊びにのめり込んでいくのである。しかし、保育者が一人一人の子どもを理解できない場合には、子どもは遊びが見つけられなかったり、何もせずに一日を終えてしまったりすることがあるかもしれない（そういうことに気づくことができる人になりたいね）。

　保育者にとって、遊びを楽しんでいる子どもたちを見つけ、さらに楽しくなるように想像し、道具や素材を用意することは、どちらかというと取り組みやすい援助であろう。しかし、自分から好きな遊びが見つけられずに、遊びの時間をただ園内でたたずんだまま過ごしたり、遊んでいる仲間の様子を見てまわりながら過ごしたりしている子どもにこそ、保育者の援助が必要なのである。時には、保育者は子どもを意図的に遊びに誘ったり、関心のありそうな仲間とつないだりする必要がある。

　一人一人の子どもを理解した保育者の援助がなければ、遊びの時間は、一部の子どもにとっては、何もしない時間になってしまい、好きに遊んでいな

表2　保育者が意識して変えることができること（例）

服装・装飾	衣服、靴、帽子、髪の長さ、髪留め、エプロン、ハンカチ
話し方	声の大きさ、言葉の選び方、抑揚、アクセント、リズムやメロディをつける
表情	笑顔、困った顔、怒った顔、悲しい顔
身体動作	歩く、小走り、その他身体の表現
姿勢	立つ、膝立ち、しゃがむ、座る、あぐら、寝そべる

出典：筆者作成

い子にとっては、苦痛の時間になってしまう。そういったことを防ぐためにも、保育者は子どもの興味や関心、発達過程を十分に理解し、どのような環境や働きかけが必要なのか、常に意識して子どもに関わることが大切になる。

（2）向上しようとする意欲が大切

　では、これからの保育者に求められることは、どのようなことであろう。それは、これまでと同様に、子どもの保育を日々大切にすることであり、養護と教育を一体的に行うことであろう。そのためには、子ども一人一人の適切な理解、園の実態に合った指導計画の作成、主体性を育む環境構成の工夫、子どもの発達に応じた適切な支援が欠かせない。

　そしてなによりも、保育者自身が常に向上しようとする意欲を持ち、研修に前向きに取り組むことが大切である。これは、自分自身のスキルアップにもつながり、園内研修は、園としての組織力の向上を目指すことができる。受け身ではなく、積極的に研修に参加することは、保育力を高めるために必要なことである（肩の力を抜いて、あせらずに、コツコツ進もう）。

（3）今日の保育を取り巻く環境

　最後に、保育や子育てをめぐる現在の社会の状況について少しふれておきたい。昨今、「子どもの声は騒音なのか」という話題がメディアで取り上げられるようになった。主に都心部のことだが、待機児童対策として保育所を新設しようとすると、静かな環境を求める周辺住民（日中だから高齢者が比較的多いということだよね……）から苦情が寄せられるケースが相次いでいるのである。なかには訴訟に至ることもある。そこで園は、窓を二重サッシにしたり、遮音フェンスを設置したりするなど防音対策を行っている。

　それとは反対に、保育所や幼稚園と高齢者施設を同じ敷地内に建設して、幼老の統合や複合を図ろうとする施設も見られるようになった。これらの施設は総合ケアや世代間交流の場として地域でも期待を集めている（ジブリのアニメ映画『崖の上のポニョ』みたいでしょ）。

　最新の脳科学や人間の育ちを長期間にわたり記録した海外の研究からも、保育は注目を集めている。たとえば、赤ちゃんは生まれて間もない頃からあやしてくれる相手にコミュニケーションを取ろうとしていること。幼児期に教育を受けた人々と教育を受けなかった人々では、教育を受けた人々のほうが、単に学力ではなくその後の生きていく力が豊かになる傾向があるということ、などである。これらは、乳幼児期の保育によって培う「生きる力」がいかに大切かを示しており、乳幼児期の過ごし方が生涯を左右することが明

らかになってきた。

　そこで、現在のさまざまな社会的病理（家庭崩壊、経済格差、虐待、相対的貧困、いじめなどのつらいこと）を解決する糸口として、保育を充実させることが近道ではないか、という声が上がっているのである。問題が起こる前に、その原因を教育・保育によって減らしていこうとする考え方である。

　このように、さまざまな面から保育に大きな期待が集まっている（ということは、保育者をめざすあなたも大いに期待されているんだよ）。次章以降では、保育者のあり方についてテーマごとに考えてみよう。

●参考文献●

ジェームズ・J・ヘックマン著（古草秀子訳）『幼児教育の経済学』東洋経済新報社　2015年
ヴァスデヴィ・レディ著（佐伯胖訳）『驚くべき乳幼児の心の世界』ミネルヴァ書房　2015年
ウォルター・ミシェル著（柴田裕之訳）『マシュマロ・テスト：成功する子・しない子』早川書房　2015年
古市憲寿『保育園義務教育化』小学館　2015年
ポール・タフ著（高山真由美訳）『成功する子 失敗する子──何が「その後の人生」を決めるのか──』英治出版　2013年
中室牧子『「学力」の経済学』ディスカヴァー・トゥエンティワン　2015年
社会福祉法人新樹会 すくすく・いきいき村
　http://www.sukusukuikiikimura.jp/
社会福祉法人宇宙心会 おおぞら村
　http://www.oozoramura.com/
公益財団法人岩手県予防医学協会　幼老統合施設Cocoa
　https://www.aogiri-cocoa.org/

第1章
現代社会と保育者
― 変わりゆくものと変わらぬもの ―

　毎年のように待機児童問題がニュースになっている。あなたは次の記事からどのようなことを感じるだろうか。

エピソード

幼保無償化、歓迎だけど…　待機児童・保育士確保、課題も／千葉県 ──
（朝日新聞2019年7月15日より抜粋）

　2016年2月、「保育園落ちた日本死ね！！！」と題した匿名のブログが大きな話題を呼んだ。

　待機児童が社会問題になりはじめたのは十数年ほど前から。国は子育て支援の強化策として2015年から3年間で認可保育施設を6千カ所、その定員を約30万人増やした。県内では認可保育所約150カ所のほか、駅前などには小規模の保育施設、企業内保育所も増えた。その結果、県内の保育の受け皿は3年間で約2万人分増えた。

　県内の最近10年（4月1日時点）の待機児童数は、17年の1787人をピークに減少傾向にある。とはいえ、今年も約1千人程度いて、安倍政権が掲げた「待機児童ゼロ」は達成できていない。「施設の整備が新たな需要を掘り起こした面もある」と、ある自治体幹部は漏らす。

　保育士の争奪戦も激化している。新たな保育施設ができても配置基準を満たす保育士が確保できず、児童の募集定員を予定より減らさざるを得なかった例も珍しくない。

　保育士確保のための待遇改善策として、東京都は2年前から毎月4万4千円を給与に上乗せしはじめた。「人材流出」を防ごうと、江戸川を挟んで隣り合う市川市は月平均約6万円（賞与を含む17年度実績）、千葉市は月3万円と、県負担の補助も含めて多くの県内自治体が後に続いた。

　非正規雇用の増加で雇用が不安定化している今日、夫婦共働きで家計をやりくりする家庭が増え続けている。せっかく子どもを授かっても、子どもを

預けられる保育所が見つからなければ、母親は子育て
のために仕事を辞めなければならない。保育所の増設
を求める親たちの声は、保育が現代家庭の子育てに
とって、なくてはならないサービスになっていること
を表している。

　保育のニーズが多様化しながら膨らみ続けるなか
で、保育者はどのような課題に直面しているのだろうか。一方で、たとえ時
代や社会が変わっても、保育には変わらぬ基本というものがあるはずである。
保育とは何か、保育者とはどういう存在であるべきか。保育者は常に問い続
けなければならない。本章では、保育をめぐる「変わりゆくもの」と「変わ
らぬもの」を考えてみたい。

第1節 社会の変化と保育者の課題

1 │ 現代の子育て家庭を取り巻く状況

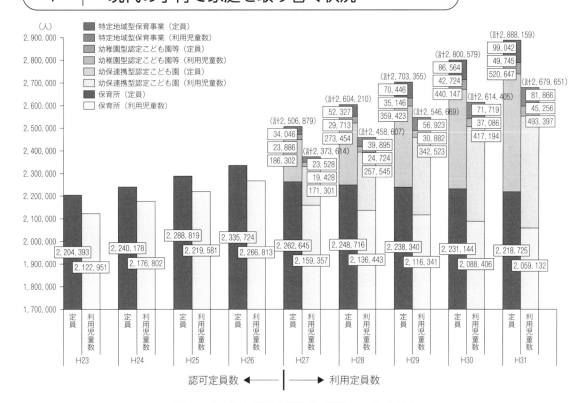

図1－1　保育所等定員数及び利用児童数の推移

出典：厚生労働省「保育所等関連状況取りまとめ（平成31年4月1日）」2019年

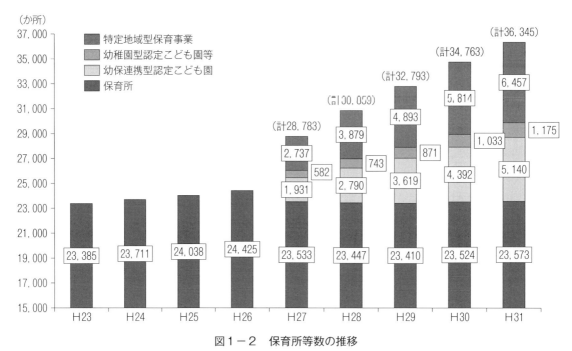

（か所）

凡例：
■ 特定地域型保育事業
■ 幼稚園型認定こども園等
■ 幼保連携型認定こども園
■ 保育所

	H23	H24	H25	H26	H27	H28	H29	H30	H31
計					28,783	30,059	32,793	34,763	36,345
特定地域型保育事業					2,737	3,879	4,893	5,814	6,457
幼稚園型認定こども園等					582	743	871	1,033	1,175
幼保連携型認定こども園					1,931	2,790	3,619	4,392	5,140
保育所	23,385	23,711	24,038	24,425	23,533	23,447	23,410	23,524	23,573

図１－２　保育所等数の推移

出典：厚生労働省「保育所等関連状況取りまとめ（平成31年４月１日）」2019年

＊１
　1975（昭和50）年以降、子どもの出生数の減少傾向が続いている。このまま少子化が続くことで、将来的な労働力人口の減少や社会保障負担の増大、経済の衰退などが懸念されている。

＊２
　保護者が子どもの認可保育所への入所を申請したにもかかわらず、入所できずに順番待ちをしなければならない状況が広がっている問題のこと。待機児童の数え方は自治体によって異なるが、2018年（平成30）年10月１日時点で全国に４万7,198人の待機児童数がいるとされている（厚生労働省調べ）。

　わが国では現在、深刻な少子化が将来の国の発展を脅かすことが懸念されている＊１。1986（昭和61）年に総世帯数の半ば近くを占めていた子どものいる世帯は、この30年間で４分の１まで減少し、子どものいない世帯が総世帯数の４分の３を占めるまでになっている１）。

　ところが、その一方で保育所等を利用する子どもの数は上昇を続けており、人口の集中する大都市周辺部では、冒頭のエピソードにみられるような保育所不足や待機児童問題＊２など、子育て家庭の保育ニーズに公的保育サービスの供給が追いつかない事態が起こっている（図１－１、１－２）。少子化が進むなかで保育ニーズが高まるという、一見矛盾するような事態は、どのような社会的背景のもとで起きているのだろうか。

　本章の第１節では、はじめに現在の保育ニーズの高まりを「家庭の子育て力の低下」と「地域の子育て力の低下」の２つの視点から検討するとともに、子育て支援の重要性が増した現代の保護者像を紹介する。

① 家庭の子育て力の低下

　家庭は子どもにとって、最も重要な育ちの拠点である。ところが現在のわが国では、家族の縮小や夫婦共働きの増加を背景に家庭の子育て力（家庭が

もっている子どもを育てる力）が著しく低下したと言われている。これを次の図1−3と図1−4で考えてみよう。

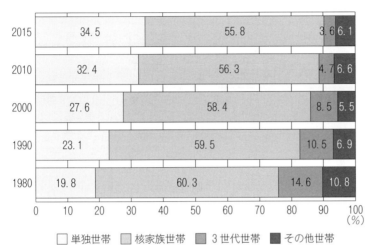

図1−3　縮小する家族（世帯の家族類型別推移）
出典：総務省「平成27年国勢調査」2015年をもとに筆者作成

　図1−3は国勢調査をもとに作成したわが国の世帯の家族類型別推移を示したものである。1980（昭和55）年に14.6％だった3世代世帯は2015（平成27）年には3.6％に減少し、核家族世帯も60.3％から55.8％に減少している。これに対して1980（昭和55）年に19.8％だった単独世帯は、2015年には34.5％に増加しており、わが国の家族が長期的な縮少傾向にあることがわかる。現在、子育て家庭の主流となっているのは親子2世代の核家族であるが、近年ではシングルマザー、シングルファーザーの子育て家庭もめずらしくない。こうした小さな家族では親の子育ての負担が大きくなりやすく、また子どもが経験する人間関係も偏ったものになりやすい。

　次に図1−4をみてみよう。高度経済成長期[*3]の日本社会では、夫が会社等で働いて家計を支え、妻が専業主婦として家事や子育てを担う性別役割分業が夫婦の一般的な生活スタイルだった。ところがその後の女性の社会進出や雇用形態の変化によって、現在では夫婦共働きが生活スタイルの主流となりつつある[*4]。近年の調査では、子育て中の母親の4割以上が就業（パート、派遣等の非正規雇用を含む）していると報告されており[2)]、親が子育てに専念できない子育て家庭はめずらしくない。こうした状況が保育ニーズを押し上げ、大都市周辺部での保育所不足や保育所待機児童問題につながったことは容易に想像できるだろう。次に地域の状況についてみてみよう。

*3
　1955（昭和30）年から1973（昭和48）年までの日本経済が飛躍的に発展をとげた時期のこと。この時期、人々の生活水準もめざましく向上した。

*4
　共働き世帯が増加した背景には、女性の社会進出だけでなく、非正規雇用の増加や男性の年功序列型の賃金制度が崩れたことで、経済的な困難や将来の生活不安が増大したこともある。

（万世帯）

図1－4　増える共働き世帯

出典：内閣府「平成30年版男女共同参画白書」2018年

② 地域の子育て力の低下

　図1－5は過去40年間にわたる「隣近所との望ましいつきあい方」についての意識の変化を示したものである。「何かにつけ相談したり、たすけ合えるようなつきあい」が望ましいと回答したものは、1978（昭和53）年の

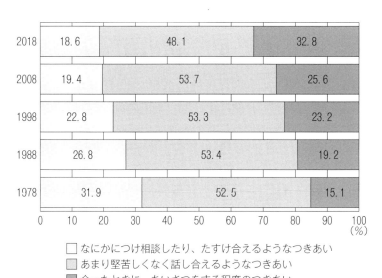

□ なにかにつけ相談したり、たすけ合えるようなつきあい
□ あまり堅苦しくなく話し合えるようなつきあい
■ 会ったときに、あいさつをする程度のつきあい

図1－5　隣近所との望ましいつきあい方

出典：NHK放送文化研究所「第10回『日本人の意識』調査」2019年をもとに筆者作成
https://www.nhk.or.jp/bunken/research/yoron/20190614_1.html

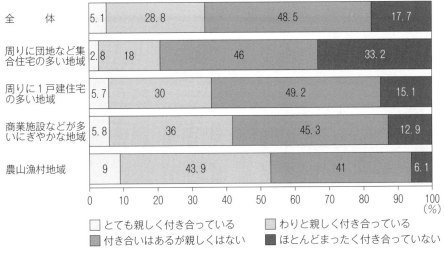

全体　5.1 / 28.8 / 48.5 / 17.7

周りに団地など集合住宅の多い地域　2.8 / 18 / 46 / 33.2

周りに１戸建住宅の多い地域　5.7 / 30 / 49.2 / 15.1

商業施設などが多いにぎやかな地域　5.8 / 36 / 45.3 / 12.9

農山漁村地域　9 / 43.9 / 41 / 6.1

□ とても親しく付き合っている　■ わりと親しく付き合っている
■ 付き合いはあるが親しくはない　■ ほとんどまったく付き合っていない

図１−６　地域特性別近所づきあいの程度

出典：内閣府「平成16年版国民生活白書」2004年

31.9％から2018（平成29）年の18.6％に減少している。一方で、「会ったときに、あいさつをする程度のつきあい」が望ましいと回答したものは15.1％から32.8％に増加している。互いに助け合うような緊密な近所付き合いよりも、形式的で希薄な近所付き合いを望むものが増加していることが注目される。

　また図１−６は、現代日本社会の「近所づきあい」の程度を地域特性別に示したものである。日常の近所づきあいについて「つきあいはあるが親しくない」「ほとんど全くつきあっていない」と回答したものが全体の３分の２を占めており、そうした傾向は人口の多い大都市近郊の集合住宅および一戸建ての多い地域でより顕著になっている。

　地域はかつて家庭とならぶ子育ての拠点だった。子どもを授かった地域の家庭は祝福され、周囲の人々の温かいまなざしと援助を受けながら子育てに励むことができた。また、子どもも地域の大人たちに見守られながら、友だちとの出会いや遊び、地域の文化や自然との関わり等、豊かで多様な経験を積むことができた。ところが現在のわが国では、近所づきあいの衰退に象徴される地域の人間関係の希薄化によって、そうした地域の子育て力（子育て家庭を支援し、子どもの育ちを促す力）が低下したとされている。こうした状況もまた、子育て家庭の保育ニーズを押し上げ、保育所不足や待機児童問題を招いた社会的背景だと考えられる。

③ 現代の保護者像

　子育て支援の重要性が増した現代の保護者像に目を向けてみよう。図１−

*5
　晩婚化・晩産化は日本以外の先進国にも共通する傾向とされているが、わが国の子育て世代には子育てにともなう経済的不安（63.9％）、仕事と子育ての両立困難（51.1％）、きちんとした子どもに育てられるか自信がない（40.7％）など、子育てに対して不安や負担感を持つものが多いことが報告されている（2014年度 内閣府「結婚・家族形成に関する意識調査」）。

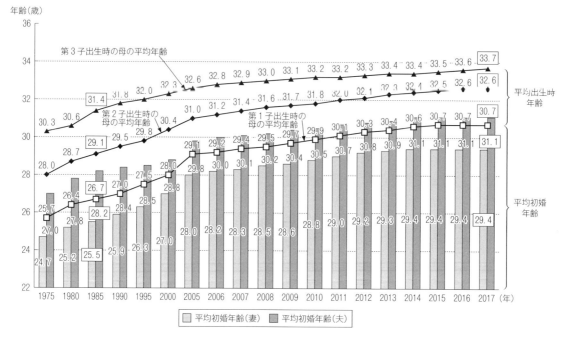

図1−7　平均初婚年齢と出生順位別母の平均年齢の年次推移

出典：内閣府「令和元年版少子化社会対策白書」2019年

　7は1975年以降の日本人の平均初婚年齢と母親の平均出生時年齢の推移を示したものである。昭和の高度経済成長が終わる1970年代半ばから現在までの間、わが国では長期的な晩婚化・晩産化の傾向が続いてきたことがわかる。2017年現在、日本人の平均初婚年齢は男性が31.1歳、女性が29.4歳で、第1子出生時の母親の平均年齢は30.7歳となっている[*5]。

　かつては30代の保護者といえば、すでに子育て経験があり、精神的なゆとりを持ってわが子に接しているイメージだった。しかし現在は30代を迎えてから第1子を出生するケースが増えており、初めての子育てに不安を抱える保護者が少なくない。また第1子に続いて第2子、第3子を出生する間隔が以前に比べ短くなっているため、「二人め」以上の子育ての負担感も増している。家庭および地域の子育て力が低下している現代社会においては、こうした子育てへの不安や負担感に悩む保護者に向けた子育て支援を充実させることが、保育サービスの拡充とならぶ重要課題となっている。

＊6
　1990（平成2）年に前年の合計特殊出生率（一人の女性が生涯に産む子どもの推定数）が過去最低の1.57となったことがわかり、少子化が社会問題として注目を集めた。社会が人口を維持するのに必要な合計特殊出生率は人口置換水準とよばれ2.08とされている。

2 ｜ 国の少子化対策と保育者の課題

　わが国の合計特殊出生率が過去最低を記録した「1.57ショック」[*6]以降、

少子化の抑制は国の政策の重要課題に位置づけられ、エンゼルプラン、新エンゼルプランなどの少子化対策が矢つぎばやに打ち出されてきた。

一連の施策を推進する過程で、国は「子育てが家族の責任だけで行われるのではなく、社会全体によって取り組む、『子育ての社会化』が重要である」[3] として、男性の子育て参加の促進[*7]、仕事と生活の調和のとれた働き方（ワーク・ライフ・バランス）[*8]の実現、出産休業・育児休業の普及・促進など、子育てを取り巻く社会環境全般の改善に取り組んできた。しかし、これまでの施策をあらためて振り返ってみると、わが国の少子化対策が常に保育サービスの量的な拡充を柱に推進されてきたことがわかる。

① 拡充される保育サービス

表1−1はこれまでの主な少子化対策から、保育に関わる事業を抽出したものである。エンゼルプランから子ども・子育てビジョンにいたる施策では、

*7 「育児をしない男を、父とは呼ばない」
1999（平成11）年に厚生労働省が作成した男性の育児参加啓発ポスター（下記）。

*8 ワーク・ライフ・バランス
仕事と仕事以外の生活（子育てや趣味、地域活動など）との調和をとり、その両方を充実させる働き方、生き方のこと。

表1−1　主な少子化対策

名称	保育に関わる事業
エンゼルプラン（1994年）	保育システムの多様化・弾力化の促進（駅型保育、在宅保育サービス等の育成・振興）、保育サービスの量的拡大、低年齢児（0〜2歳児）受け入れ枠の拡大、延長保育の拡充、一時的保育事業の拡充、保育所の多機能化のための整備（地域子育て支援のための整備）、地域子育て支援センターの整備、など
新エンゼルプラン（1999年）	低年齢児（0〜2歳児）受け入れ枠の拡大、多様な需要に応える保育サービスの推進（延長保育、休日保育の推進等）、在宅児も含めた子育て支援の推進（地域子育て支援センター、一時保育、ファミリー・サポート・センター等の推進）、幼稚園における地域の幼児教育センターとしての機能等の充実、など
待機児童ゼロ作戦（2001年）	待機児童の多い地域での保育所整備、保育所受け入れ児童数の量的拡大、家庭的保育（保育ママ）の普及促進、認定こども園・幼稚園での預かり保育推進、事業所内保育施設の充実、など
子ども・子育て応援プラン（2004年）	保育所受け入れ児童数の拡大、多様な保育サービス（延長保育、休日保育、一時預かり、夜間保育、病後児保育、事業所内保育等）の拡充、幼稚園における地域の幼児教育センターとしての機能の充実、など
子ども・子育てビジョン（2010年）	保育所受け入れ児童数の量的拡大による保育所待機児童の解消、多様な保育サービス（延長保育、休日保育、夜間保育、病児・病後児保育、事業所内保育等）の拡大、家庭的保育（保育ママ）の普及促進、幼児教育と保育の質の向上、人口減少地域における保育機能の維持、幼稚園の預かり保育推進、認定こども園の拡充、など
子ども・子育て支援新制度（2015年）	認定こども園制度の改善および普及促進、3歳未満児の新たな保育の受け皿として小規模保育などの地域型保育を創設、保育サービス利用に関わる新たな認定制度（教育標準時間認定および保育認定）の創設、など
子育て安心プラン（2017年）	2018年度から2022年度末までに女性就業率80％にも対応できる約32万人分の保育の受け皿を整備
人づくり革命（2017年）	政策の一環として幼児教育の無償化、待機児童の解消をめざして「子育て安心プラン」の前倒し整備、保育士の処遇改善を実施するとともに、根気強さ、注意深さ、意欲などの「非認知能力」育成をめざして幼児教育・保育の質の向上に取り組む、など

出典：筆者作成

*9
　保育所が通常保育時間を超えて子どもを保育すること。幼稚園では「預かり保育」と呼ばれている。

*10
　保護者の事情で家庭での保育が困難になった子どもを保育所等で一時的に預かるサービスのこと。

*11
　幼稚園においても、園児の保護者や地域の子育て家庭への施設開放、幼児期の教育に関する相談対応および情報提供などの子育て支援が実施されており、幼稚園が「地域における幼児期の教育のセンター」（幼稚園教育要領　第3章）の役割を果たすことが求められている。

子育て家庭の保育ニーズに応えるために、保育所の受け入れ枠の拡大、多様な保育サービス（延長保育*9、休日保育、一時預かり*10、夜間保育、病児保育など）の拡充が推進されてきた。また、子どもの保育だけでなく、育児相談対応や親子サロンの開催など、子どもの保護者および地域の子育て家庭を対象とする子育て支援も、保育者の重要な業務に加えられることになった*11。

　こうした保育サービスの量的な拡充は、現代の子育て家庭の保育ニーズに応えるために実施されてきたものである。しかし、そのことが保育所等で働く保育者の業務量の増加を招いていることも否定できない。図1−8は2000年代に入って以降の、認可保育所の延長保育の実施状況の推移を示したものである（首都圏主要市区と政令指定都市が対象）。

　延長保育の実施率が年々上昇した結果、現在では都市部の保育所のほとんどが11時間を超える長時間保育を行っており、こうした状況が現場の保育者を疲弊させ、保育の質の低下を招くことが懸念されている。

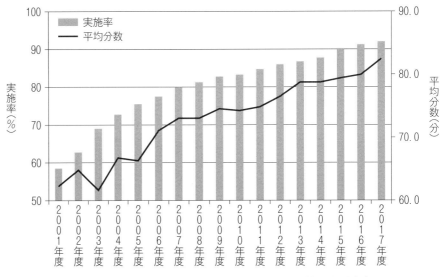

図1−8　認可保育園の延長保育の実施状況（主に都市部）

出典：保育園を考える親の会（普光院亜紀代表）「100都市保育力充実度チェック」をもとに筆者作成
http://hoikuoyanokai.com/guide/check/

② 保育者の課題

　保育は子どもの生命を預かる仕事であり、保育者は何より「子どもの最善の利益の尊重」*12を忘れてはならない。家庭および地域の子育て力が低下したことで、保育所等は子どもたちにとって、これまで以上に重要な育ちの拠点となっている。増大する保護者の保育ニーズに応えるため、保育サービ

スの量的な拡充が続けられてきたわが国であるが、保育者は「子どもの最善の利益の尊重」の観点から日々の仕事を見つめ直し、保育の質の確保に取り組まなければならない。

　また、保育士や幼稚園教諭は「重労働なのに低賃金」と言われることも多く、わが国での保育職に対する社会的評価はけして高いとは言えない状況である。保育士や幼稚園教諭として就職したものの、数年以内に離職してしまう保育者も少なくはない。保育者が誇りと喜びをもって働き続けられる職場を育てていくため、保育の意義を伝える情報発信や保育職のワーク・ライフ・バランスの改善に取り組むことも、保育者が取り組むべき重要な課題である。

第2節 変わりゆく保育、変わらぬ保育

1 変わりゆく保育の姿

① 現在求められている配慮

　保育と保育者に求められるものは社会の変化に合わせて多様化し、変わりつつある。日々の保育のなかで、これまで当たり前と思われていた事柄も変化し、さまざまな保育の姿が見られるようになっているのである。それらをもう少し具体的に見ていきたい。

　たとえば、園行事である。節分の「豆まき」は、日本の古くからの風習としてどの園でも毎年行われてきた行事である。しかし、現在では大豆アレルギーをもつ子どもに配慮するため、豆をまかずに鬼にボールをぶつけるという活動に変更して実施している園もある。アレルギーへの対応は、子どもが園で安心・安全に過ごすためには欠かせない事項となってきているのである*13。

　宗教上の配慮も求められる。「クリスマス」は、日本では信仰と離れて行事として楽しんでいるが、宗教上の理由から子どもをクリスマス会に参加させたくないという保護者もいる。また、園外保育で近くの寺社に遊びに行くことも、家庭の信仰によっては了解を得る必要がある場合も出てきているのである。外国籍の保護者等が増えるなか、互いの文化や価値観を相互に話し合い、認め合うような取り組みが保育のなかで求められている。

　そのほかにも、父の日、母の日には以前に増して急増しているひとり親家庭*14の子どもへの配慮を必要とする。日常の保育においては、大気汚染物質PM2.5*15飛散の対策により外遊びを制限せざるを得ない地域が出てくるなど、さまざまな事柄が保育にかかわってきているのである。

*13
　2011（平成23）年厚生労働省は「保育所におけるアレルギー対応ガイドライン」を公表した。食物アレルギーをはじめ、ぜんそくやアトピー性皮膚炎などのアレルギー疾患をもつ子どもが年々増加している。

*14
　「平成23年度全国母子世帯等調査」（厚生労働省）によると、母子世帯は123.8万世帯、父子世帯は22.3万世帯（推計値）である。

*15　PM2.5
　大気汚染の原因となる微小粒子状物質であり、人の健康に影響を及ぼす。

＊16　保けいこ
リクルートホールディングス「2015年トレンド予測」において、出産・育児領域のキーワードとして発表された。

② お稽古事の変化

　変化は園の保育内容だけにとどまらない。保育とお稽古事の両立をめざす「保けいこ」＊16なる言葉が生まれている。女性の社会進出が進み、夫婦共働き世帯が増加し続けているなかで、共働きの家庭であっても、平日に子どもに英語、リトミック、スポーツなどを習わせることを可能にする「お稽古支援サービス」が活発化のきざしをみせているという。

　これまでも、外部の専門講師を招いてそのようなカリキュラムを提供する幼稚園や保育所は多数みられた。近年ではそれに加え、塾や教室などのスタッフが子どもを園に迎えに行き、レッスン終了後に保護者がその塾や教室に迎えに行くというようなサービスが始まっているのである。働きながらでも、子どもに多くの経験の機会を与えたいとする現代の保護者のニーズから生まれたサービスであると言えよう。しかし、これが一般化すれば、保育者が保護者と顔を合わせる機会は一層減り、園での子どもの様子を保護者に詳しく伝え、家庭と連携していくためには、さらなる工夫が必要となってくるであろう。習い事の時間の多さが、子どもの育ちに与える影響も懸念される。

　保育が社会の変化や保護者のニーズに合わせて多様化していくなかで、保育者は子どもにとって真に大切なものは何かを見失わないよう常に考え、保護者に、社会に発信していく必要がある。それは、昔からの言葉で言うと「不易と流行」ということである。

2 ｜ 倉橋惣三に学ぶ不変的な保育のあり方

① まずは友だちになること

　保護者のニーズは多様化しているが、保護者にとって信頼できる保育者とは、やはり自分の子どもを理解し、かわいがってくれる保育者ではないだろうか。自分の子どもが「大好き」と慕う保育者には信頼を置き、安心して任せることができるものである。そして、自分の子どもの成長を一緒に喜び、見守ってくれる保育者の存在があることは、保護者にとってなによりも心強くうれしいことである。

　では、子どもにとって保育者は、どのような存在であるべきなのであろうか。わが国の保育の基礎を築いた倉橋惣三＊17の言葉から、変わらない保育・保育者のあり方について考えてみたい。

＊17　倉橋惣三
（1882〜1955）
大正から昭和にかけての日本の幼児教育の理論的な指導者であり、児童中心主義の保育を提唱した。著書に『育ての心』『幼稚園真諦』などがある。

> 「まず友達となることにおいて、その上に教育が置かれるということは、全く字義通りに幼稚園が教えてくれたことである。」4)

倉橋は、東京女子師範学校附属幼稚園[*18]の主事（園長）を長く務めた。そして、幼稚園での教育をとおして、教育者になるためにはまず子どもと友だちになることが必要であることを教えられたとしているのである。とくに幼児保育においては、保育者が何かを「教える」ことの前に、子ども一人ひとりとの親しい関わりをもつことがすべての出発点であるということは、現代においてもなんら変わることのない真実である。

入園してきた子どもにとって保育者は、家族以外に初めて長時間接する大人であることが多い。保育者との関わりが、その後の外界や人への信頼感の基礎となると言っても過言ではないのである。そのために保育者は、子どもが親しみやすい、威圧感のない雰囲気をもつことが必要である。そして、遊ぶ時には先生としてではなく友だちとして対等な関係で遊びを楽しむ。そうすることで、一人一人の子どもの発達や心のありさまも理解できるのである。

*18　東京女子師範学校附属幼稚園（現お茶の水女子大学附属幼稚園）
　1876（明治9）年に設立されたわが国最初の官立幼稚園。初期にはフレーベル主義に基づく幼児教育を行った。

② 「うれしい先生」をめざそう

また、倉橋は名著『育ての心』のなかで、保育者について次のように述べている。

> 「お世話になる先生、お手数をおかけする先生。それは有り難い先生である。しかし有り難い先生よりも、もっとほしいのはうれしい先生である。そのうれしい先生はその時々の心持に共感して呉れる先生である。」[5]

倉橋は、泣いている子どもの「泣かずにはいられない心持ち」への共感をあげている。泣いている子どもがいると、つい理由を尋ねたり泣き止ませようとばかりしてしまいがちであるが、保育者の役割は子どもを泣き止ませることではない。子どもにとって保育者は、頼れる存在である。不安な時にはそばにいてくれ、つまずいた時、壁にぶつかった時には乗り越えるのを応援してくれる人である。子どもが出会えてよかったと思える保育者とは、あれこれ教えてくれる保育者よりも、ありのままの自分を受け止めてわかってくれ、心持ちに共感してくれる保育者なのである。子どもはそのような保育者のもとで情緒が安定し、そこで初めて能動的に周囲の環境にかかわっていくことができるのである。

③ 遊ぶことは生きること

倉橋はさらに、子どもの遊びについて以下のように述べている。

> 「子どもにとって遊びほど幸せで貴いものはない。子どもの遊びはつまり子どもの身体と心との旺んな活動が外に現れたのに外ならないのであって、子どもが遊ぶということは大袈裟にいえば、つまり子どもが生きているということと同じ意味であるといってもいいのです。」[6)]

　ここで言う遊びとは、「自由遊び」のことである。子どもが自分でやりたい遊びを見つけ、楽しく没頭して遊ぶなかで発達に必要な経験を得ていく遊びは、保育の中心となる活動である。その際、子どもが好きな遊びをするのだから、保育者は不要かと言えばそうではない。子どもの遊びが充実して行われるために、保育者は子どもの遊びを予測し、物的・空間的環境を整え、時には率先してモデルとなって遊び、子どもたちが遊んでいる間も必要に応じて人間関係の調整役を務めるなど、その展開に合わせて遊びを援助していかなければならないのである。

　保育者が遊びを援助するためには、子どもの実態を理解する必要がある。保育者は、一人一人の子どもを理解するだけでなく、子ども同士の関係性やこれまでの経緯についても理解することが求められる。それは、日々子どもと生活をともにしている保育者にしかできないことなのである。

3 ｜ これからの保育

　近年、都市化や核家族化など、子どもとその家庭を取り巻く環境の変化にともない、子どもの人や自然とかかわる経験の不足や、生活時間や食生活の乱れが指摘されている。また、現代では保護者自身が核家族、少子化のなかで育っているため、身近で子育てを見聞きした経験も乏しく、子どもの発達の見通しがもてずに、あふれる商業的な情報に振り回されてしまうことも多い。保護者の過保護・過干渉がある一方で、虐待のニュースは日々後を絶たず、保護者に十分な愛情を受けることのできない子どもも増加している。

　そのような状況のなか、保育所や幼稚園、認定こども園は、保護者への子育て支援を行うとともに、子どもの健やかな成長・発達を保障するための場として、ますます重要な役割を担うことになってきている。保育が多様化せざるを得ない時代のなかで、さまざまな課題に直面しながらも、保育者は変わらず子どもの良き理解者であり、支援者であり、代弁者であり続けなければならないのである。

●引用文献●

1）内閣府「平成25年　国民生活基礎調査の概況」2013年
　　https://www.mhlw.go.jp/file/05-Shingikai-10601000-Daijinkanboukouseikagakuka-
　　Kouseikagakuka/SIRYOU6-1.pdf
2）国立社会保障・人口問題研究所「第14回出生動向基本調査」2010年
　　http://www.ipss.go.jp/ps-doukou/j/doukou14_s/doukou14_s.asp
3）厚生労働省「子ども・子育て応援プラン」2004年
　　https://www.mhlw.go.jp/bunya/kodomo/jisedai22/pdf/data.pdf
4）倉橋惣三『教師論』（倉橋惣三選集　第五巻）フレーベル館　1996年　p.313
5）倉橋惣三『育ての心』（倉橋惣三選集　第三巻）フレーベル館　1965年　p.37
6）倉橋惣三『幼稚園雑草』（倉橋惣三選集　第二巻）フレーベル館　1965年　p.135

●参考文献●

荒井洌『倉橋惣三　保育へのロマン』フレーベル館　1997年
森上史郎『子どもに生きた人・倉橋惣三 ―その生涯・思想・保育・教育―』フレーベル
　館　1993年

Column ①

宝物のおかげ

【あこがれの先生になったけど…】

　「あこがれの幼稚園教諭になったら、かわいい子どもたちに囲まれて、たくさん遊んでたくさん笑って毎日楽しく仕事しよう！」。そんな甘い期待を抱いて保育者生活の第一歩を踏み出したピカピカの新任時代。私の頭に思い描いていた夢のような生活は、わずか2日目で見事に打ち砕かれました。

　なぜ、2日目なのか……。初日は入園式だったため、終始協力的な保護者のもと、短時間で難なく式を終え、降園までの時間がとてもスムーズに流れました。ところが、2日目から保護者の方たちがいません。私と子どもたちだけの生活が始まったのです。登園時、母親と離れられず泣き叫ぶ子が一人ではなく複数いたため、一人を片手で抱っこして、もう一人と手をつなぎ、さらにもう一人泣き始めた子どもがいたので、さすがに手が足りず、まとめて膝の上に乗せて、泣き止ませようと悪戦苦闘しました。

　そうしているうちに（私は全く遊ぶことなく）遊びの時間が終わってしまい、「お片づけだよ〜」と声をかけたが誰も片づける気配なし。一人ずつ声をかけて順番に保育室に入れていきましたが、最後まで逃げ回っている子どもたちを追いかけまわしている間に、最初に保育室に戻っていた子どもたちが飽きてしまって、再び園庭へ。そんな私を見るに見かねて園長先生が助けてくださり、なんとか全員保育室に入れることができました。

　しかし、入園当初の自由奔放な子どもたちをまとめることは、新任の私にとってかなり難易度が高く、話は聞いてもらえない、歌は私一人でうたっている、そのうち椅子に座っていた子どもたちがウロウロと立ち歩き始め、ヘトヘトの状態で1日を終えました。その後、3日目で早くものどを痛め、1週間で声がガラガラになりました。華やかで楽しい幼稚園教諭のイメージとはほど遠く、「向いていないのか？」「道を誤ったか？」と、落ち込む日々が続いていました。

【思いがけない手紙】

　しかし、そんな私を救ったものは、クラスのKちゃんから登園時に手渡された手紙でした。開いてみると、ミミズがはったような解読するのが難しい文字でした。「なんて書いてあるの？」と尋ねると、「『せんせいだいすき』ってかいたんだよ」という答えが返ってきました。その手紙は私の大切な宝物になりました。

　「プロ」というにはとても申し訳ないような保育をしていた私でしたが、「先生〜」と駆け寄ってくる子どもたちの笑顔や「ようちえんたのしい！」と言ってくれる子

どもたちの言葉に支えられ元気づけられ、少しずつ「保育者」という仕事の魅力が
理解できるようになってきました。

　2年目、3年目……と経験を積むごとに、うまくいくことが増えてきました。4
年目になると、保育の仕事を「おもしろい」「楽しい」と感じられる瞬間が多くなり、
5年目以降には「辞められない」域に達しました。その間、子どもたちからの「お
手紙」はどんどん増え続け、最初は大きめの封筒にしまっていましたが、そのうち
収まりきらなくなり、紙袋に……。さらに、収まりきらず、ついに段ボール箱いっ
ぱいになりました。今でも捨てられずに大切に保管しています。つらくなると、読
み返しました。自分を保育者として求めてくれている子どもたちがこんなにいると
思うとがんばることができました。

　ミミズがはったような文字で「だいすき」と書いてくれたKちゃんから15年後、
とてもきれいな字で「○○大学に合格しました」と書かれた年賀状が届きました。「保
育者を続けてきてよかった」と思える瞬間です。子どもたちから毎日たくさんの元
気とパワーをもらい、大切な宝物がどんどん増えていく……。「保育者」とは、そ
んなやり甲斐に満ちた素晴らしい仕事だと今、実感しています。

第2章

保育者になるには
―制度的な位置づけと倫理―

　保育者になるためは、さまざまな学びが必要である。養成校などで勉強して「資格」や「免許」を取得し、定められた時間数の実習を行う。さらに、子どもたちの命を預かるため、「倫理」についての理解も欠かせない。次の事例は筆者が実際に経験したエピソードである。

「休日のコーヒーショップで聞こえてきた会話」――――――――
女性A「ほんとうに、うちの保育所の子どもって面倒くさいの。」
女性B「なに？　どうしたの？」
女性A「あのね、ひとり、わがままな子どもがいるんだけどね。もう、まったく
　　　　保育にならないのね。」
女性B「わかる。うちの保育所にも、ひとりいて
　　　　ね。両親は役所に勤めているのに、あい
　　　　さつもできないような親なのよ。」
女性A「園長が私に押しつけてくるから面倒をみ
　　　　ているけど、正直、つらいわ。」
女性B「あるある。嫌ねぇ。」

　保育者と思われる女性同士の会話である。みなさんはこのエピソードを読んでどのように感じるだろうか。このような会話のやり取りはしてはならないと、すぐに判断できる人がほとんどだと思うが、保育者養成校を卒業し、社会に出て数年も経つと、良い意味でも悪い意味でも次第に仕事に慣れてきて、平気でこのような会話をしてしまう保育者がいることも事実である。担当している乳幼児の特徴やその親の職業などを、関係者以外に話すことや関係者以外が聞いているかもしれない場所で話題にすることは、決して許される行為ではない。

　保育者といえども、休日は羽を伸ばしてリラックスしたいものである。友人と買い物に出かけたり、食事を楽しんだりすることもある。しかしながら、誰が会話に耳を傾けているかわからない場所で、守秘義務に反することや個人情報等を漏らすことは絶対にあってはならない。

　本章では、保育者が制度的にどのように位置づけられ、同時に保育者としてどのような倫理を守るべきなのかについて解説する。

第1節　保育者の仕事場

　保育者の働く仕事場として一般的に知られているのは、保育所や幼稚園、それに児童養護施設などである。近年は、これらに認定こども園が加わっている。保育者は主に乳幼児を対象とした保育、養護、教育等に従事することを本分としているが、保育ママ*¹やベビーシッター*²として働くことも可能であり、企業の運営する社内の保育所*³もある。この節では、保育者の仕事場についてその一部を解説していく。

● 保育者の主な仕事場 ●
どんなところでどんな人が働いているのだろう。まずはこの３つを押さえよう！

┌─ 保育所 ──────────────────

　所　　管：厚生労働省
　対　　象：保育を必要とする乳児（１歳未満）と幼児（１歳から小学校就学まで）
　保育時間：原則として１日８時間

保育士
保育士養成校で所定の単位を修得して卒業するか、保育士試験（国家試験）に合格する。

┌─ 幼稚園 ──────────────────

　所　　管：文部科学省
　対　　象：満３歳から小学校就学までの幼児
　教育時間：１日４時間が標準

幼稚園教諭
大学や短大等の教員養成課程で幼稚園教諭免許状を取得する。

┌─ 認定こども園 ──────────────

　所　　管：内閣府・文部科学省・厚生労働省
　対　　象：満３歳から小学校就学までの子ども、保育を必要とする乳幼児
　時　　間：教育時間は１日４時間が標準
　　　　　　保育時間は１日８時間を原則

保育教諭
保育士資格と幼稚園教諭免許状の２つが必要

*1　保育ママ
　保育者の自宅を使用して少人数で行う保育のことである。児童福祉法に基づき、公的な保育として認められている。保育料は、自治体によって異なるものの、高額な保育料になることはない。保育の対象年齢は３歳未満である。保育ママで働く保育者になるためには、自治体の許可が必要であるが、保育士の免許があれば問題なく働くことができる。

*2　ベビーシッター
　一般に、保育士や認定ベビーシッターの資格をもつ者が行う。認定ベビーシッター資格は公益社団法人全国保育サービス協会が、ベビーシッターとして必要な専門知識および技術を有すると認定した場合に得られる。近年はインターネットを頼りに、保護者が十分に下調べをせずにベビーシッターに子どもを預け、さまざまな問題が発生するケースも報告されている。

1 ｜ 保育所

　児童福祉法39条に、「保育所は、保育を必要とする乳児・幼児を日々保護者の下から通わせて保育を行うことを目的とする施設（利用定員が20人以上であるものに限り、幼保連携型認定こども園を除く。）とする」とある。そして、「保育を必要とする」要件は、子ども・子育て支援法施行規則1条で規定している。それによれば、小学校就学前の子どもの保護者が次のいずれかの状態にあるときをさす。

子ども・子育て支援法施行規則
1条　一　1月において、48時間から64時間までの範囲内で月を単位に市町村が定める時間以上労働することを常態とすること。
　　　二　妊娠中であるか又は出産後間がないこと。
　　　三　疾病にかかり、若しくは負傷し、又は精神若しくは身体に障害を有していること。
　　　四　同居の親族（長期間入院等をしている親族を含む。）を常時介護又は看護していること。
　　　五　震災、風水害、火災その他の災害の復旧に当たっていること。
　　　六　求職活動（起業の準備を含む。）を継続的に行っていること。
　　　（以下、略）

　保育所保育指針（第1章）によると、保育所とは「児童福祉法第39条の規定に基づき、保育を必要とする子どもの保育を行い、その健全な心身の発達を図ることを目的とする」児童福祉施設である。その際、「入所する子どもの最善の利益を考慮し、その福祉を積極的に増進することに最もふさわしい生活の場でなければならない」としている。

2 ｜ 幼稚園

　学校教育法により、幼稚園はいわゆる「学校」に位置づけられている。

学校教育法
22条　幼稚園は、義務教育及びその後の教育の基礎を培うものとして、幼児を保育し、幼児の健やかな成長のために適当な環境を与えて、その心身の発達を助長することを目的とする。
24条　幼稚園においては、第22条に規定する目的を実現するための教育を行うほか、幼児期の教育に関する各般の問題につき、保護者及び地域住民その他の関係者からの相談に応じ、必要な情報の提供及び助言を行うなど、家庭及び地域における幼児期の教育の支援に努めるものとする。

　また、幼稚園設置基準において、幼稚園を設置するのに必要な最低の基準が示され、幼稚園の設置者は幼稚園の水準の向上を図ることに努めなければならないとされる。幼稚園教育要領においては、「幼児期における教育は、生涯にわたる人格形成の基礎を培う重要なものであり、幼稚園教育は、学校教育法第22条に規定する目的を達成するため、幼児期の特性を踏まえ、環境を通して行うものであることを基本とする」という基本方針が総則に示されている。

3 ｜ 認定こども園

　認定こども園は、2006（平成18）年に始まった。それは、幼稚園と保育所のそれぞれのメリットを有効に活用することによって、両方の役割を無駄なく果たすことができるように構想された。幼稚園と保育所は、認定こども園の認定を、次の条件を満たす場合に都道府県知事から受けることができる。一つは、就学前の子どもに幼児教育・保育を提供する機能が備わっていること（保護者が働いている、働いていないにかかわらず受け入れが可能）、もう一つは、地域における子育て支援を行う機能が備わっていること（すべての子育て家庭を対象にしたサービスの提供）である。認定こども園はこのように、子育てをするすべての人々に就学前の教育・保育を一貫して提供することのできる新しい施設である。

　認定こども園は4つの類型に分類される。それぞれ幼保連携型、幼稚園型、保育所型、地方裁量型である。幼保連携型は、認可幼稚園と認可保育所とが連携して運営を行うタイプである。幼稚園型、保育園型は、それぞれの施設が中心となって体制を整えたタイプである。地方裁量型は、幼稚園・保育所のいずれの認可もない地域の教育・保育施設が認定こども園として機能を果たす場合である。2012（平成24）年に成立した「子ども・子育て関連3法」[*4]に基づく制度を、「子ども・子育て支援新制度」と呼ぶ。このなかで、幼保連携型認定こども園は、学校及び児童福祉施設として法的に位置づけられた。

　2015（平成27）年度から、子ども・子育て支援新制度が本格的な実施に移された。幼保連携型認定こども園は、従来は幼稚園および保育所の認可だけでなく、認定こども園の認定も必要だったものが、単一の施設として基準や認可手続きが一本化されることになった。それに伴い、幼保連携型認定こども園は学校教育法上の学校ではなく、「教育基本法上の学校」となった。指導監督についても、従来は幼稚園・保育所それぞれの法体系で行われていたのが一本化された。

*4
　「子ども・子育て支援法」、「認定こども園法の一部改正」、「子ども・子育て支援法及び認定こども園法の一部改正法の施行に伴う関係法律の整備等に関する法律」をさす。

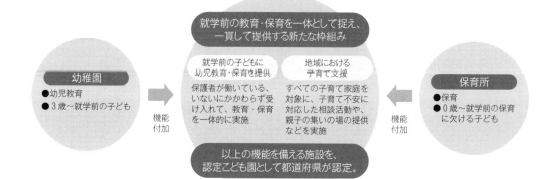

図2−1　認定こども園の概要

出典：文部科学省・厚生労働省　幼保連携推進室（http://www.youho.go.jp/gaiyo.html）

4 ｜ 幼児教育を担う施設として共有すべき事項

　2017（平成29）年３月に改訂（定）された保育所保育指針、幼稚園教育要領、幼保連携型認定こども園教育・保育要領においては、この３法令の整合性が考慮され、小学校における教育との円滑な接続・連携に配慮することが重視された。

　なかでも、「幼児教育において育みたい資質・能力」（「知識及び技能の基礎」「思考力、判断力、表現力等の基礎」「学びに向かう力、人間性等」）が明確に示されたことは重要である。そして、資質・能力の具体的な姿として、「幼児期の終わりまでに育ってほしい姿」（10の姿）が示された。これは５領域の内容を整理して、５歳児の後半頃に出てくるであろう姿をまとめたものであり、保育活動全体を通して育みたい姿である。気をつけたいのは、５歳児

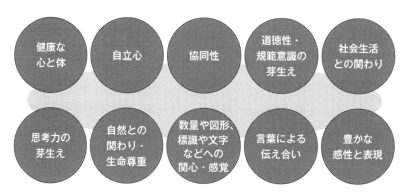

図2−2　幼児期の終わりまでに育ってほしい姿

修了時までに達成していなければならないというものではないことだ。あくまで方向性を示したものである。

　また、保育所保育指針と幼保連携型認定こども園教育・保育要領の保育内容においては、新たに「乳児保育に関わるねらい及び内容」（3つの視点:「健やかにのびのびと育つ」「身近な人と気持ちが通じ合う」「身近なものと関わり感性が育つ」）と「1歳以上3歳児未満の保育に関わるねらい及び内容」、ならびに「内容の取扱い」が示された。

　このほか、3法令の共通として、子どもの理解に基づいた評価の実施、特別な配慮を要する子どもへの指導、健康及び安全（特に災害への備え）に関して充実が図られた。

5 ｜ 地域型保育事業における仕事場

　保育所、幼稚園、認定こども園以外にも地域型保育事業で取り扱われる、保育者の仕事場がいくつかある。地域型保育事業は、地域における多様な保育ニーズにきめ細かく対応でき、質の確保された保育を提供し、子どもの成長を支援することを主要な目的としている。具体的には、「家庭的保育事業」「小規模保育事業」「居宅訪問型保育事業」「事業所内保育事業」の4つから構成されている*5。

　家庭的保育事業とは、たとえば保育ママ制度をさし、乳児または幼児について、家庭的保育者の居宅やそのほかの場所において、家庭的保育者による保育を行う事業である。小規模保育事業とは、3歳未満児を対象とし、6人以上19人以下の少人数の定員で行う保育である。事業所内保育事業は、企業

*5
この4つは、児童福祉法において児童福祉施設として位置づけられている認可保育所とは法令上の位置づけが異なり、さまざまな場所で展開される事業として位置づけられている。

表2-1　地域型保育事業について

	家庭的保育事業	小規模保育事業	事業内保育事業	居宅訪問型保育事業
形態	・家庭的な雰囲気のもとで、少人数を対象にきめ細かな保育を実施	・比較的小規模で家庭的保育事業に近い雰囲気のもと、きめ細かな保育を実施	・企業が主として従業員への仕事と子育ての両立支援対策として実施	・住み馴れた居宅において、1対1を基本とするきめ細かな保育を実施
規模	・少人数（現行は家庭的保育者1人につき、子ども3人）※家庭的保育補助者がいる場合は子ども5人まで	・6～19人まで	・さまざま（数人～数十人程度）	・1対1が基本
場所	・家庭的保育者の居宅その他さまざまなスペース	・多様なスペース	・事業所その他さまざまなスペース	・利用する保護者・子どもの居宅

出典：内閣府　2013年

内もしくはその事業所近隣に設置された場所で行われる、従業員向けの託児をさす。居宅訪問型保育事業とは、いわゆるベビーシッターをさし、利用する保護者の居宅を保育場所とする。

第2節 保育者の資格・免許

この節では、保育者の主要な資格・免許である、保育士、幼稚園教諭、保育教諭について解説する。保育者養成校において、所定の単位を修得し、資格・免許を獲得する場合もあれば、該当する資格・免許の試験を受けて、獲得する場合もある。

1 | 保育士

保育士資格を取得するためには、厚生労働省の指定する保育士養成校を所定の単位を取得したうえで卒業する方法と、国家試験として各都道府県で毎年実施されている保育士試験（表2-2）に合格する方法とがある。

保育士は、1999（平成11）年以前には「保母」と呼ばれた。男女雇用機会均等法の大幅な改正に伴い、ジェンダー*6にしばられない呼称として、これ以後、「保育士」という名称に固定された。同時に、保育士は国家資格に格上げされ、名称独占資格*7となった。加えて、保育士には信用失墜行為の禁止や守秘義務といった対人援助専門職としての義務が課せられた。信用失墜行為とは、保育士の信用を傷つけるような行為を行うことである。たとえば、子どもに対する体罰やハラスメント行為、飲酒運転や横領などコンプライアンスに違反する行為全般をさす。守秘義務とは、職務上知りえた情報をみだりに外部に漏らさないことである。保育士は乳幼児の家庭と連携しながら保育にあたらなければならないという職務の性質上、プライベートな情報に接することが多い。しかし、その情報を共有できるのは、職場の上司・同僚に限られていることを忘れてはならない。

保育士として働くには、その業務に就く前に、都道府県知事に対して登録申請手続きを行い、保育士証の交付を受けることが必要である。保育所保育指針（第1章）は、保育士の専門性について次のように示している（とくに、確かな倫理観に裏打ちされた人間性をもってその職にあたることが重要視される）。

*6 ジェンダー（性差）
生物学上の男女の区別を表すセックスに対して、歴史的・文化的・社会的にさまざまな文脈で形成される男女の差異を表す用語。

*7 名称独占資格とは、その資格をもっている者だけがその名称を名乗ることのできる資格である。たとえば、保育士、栄養士、保健師などが該当する。

保育所保育指針「第1章 総則」

児童福祉法第18条の4の規定*8を踏まえ、保育所の役割及び機能が適切に発揮されるように、倫理観に裏付けられた専門的知識、技術及び判断をもって、子どもを保育するとともに、子どもの保護者に対する保育に関する指導を行うものであり、その職責を遂行するための専門性の向上に絶えず努めなければならない。

*8
「この法律で、保育士とは、第18条の18第1項の登録を受け、保育士の名称を用いて、専門的知識及び技術をもって、児童の保育及び児童の保護者に対する保育に関する指導を行うことを業とする者をいう。」

表2-2　保育士資格の国家試験の概要

筆記試験 （8科目。各科目とも6割以上得点すれば合格）	実技試験 （3分野から2分野を選択し、両分野とも6割以上の得点で合格）	
1．保育原理 2．教育原理および社会的養護 3．児童家庭福祉（※令和2年より子ども家庭福祉に変更） 4．社会福祉 5．保育の心理学 6．子どもの保健 7．子どもの食と栄養 8．保育実習理論	音楽	童謡の課題曲をピアノ、ギター、アコーディオン、いずれかで演奏して歌う。
	絵画制作	保育所での保育士と園児の活動風景（テーマ）を鉛筆、消しゴム、色鉛筆を使って描く。
	言語	20人ほどの3～5歳の幼児を対象と想定して、3分間、何も見ないで童話を披露する。小道具の使用禁止、童話は自分で用意すること。

2 ｜ 幼稚園教諭

　幼稚園教諭の免許状は、3種類ある（表2-3）。二種免許状は、所定の単位を修めたうえ、一般には短期大学を卒業したことで得られる「短期大学士」の学位をもつ者が取得することができる。一種免許状は、一般に四年制の大学を卒業した「学士」の学位をもつ者が取得できる。専修免許状は、大学院に進学し、「修士」の学位をもつ者が取得できる。高等教育機関における学びの長さによって、取得できる免許の種別は異なってくるが、現場で働

表2-3　幼稚園教諭と保育士の免許・資格の種類

	幼稚園教諭	保育士
大学院修了	幼稚園専修免許状	保育士資格
四年制大学卒業	幼稚園一種免許状	
短期大学卒業	幼稚園二種免許状	
専門学校	幼稚園二種免許状	

※なお、専門学校の一部ではこの限りではない。

くときの職務内容や給与の差は大きくはない。

　幼稚園は学校であると説明したが、幼稚園教諭は「教師」として扱われる。幼稚園教育要領においては、「幼稚園教育の基本」として、教師の役割を明記している。

幼稚園教育要領「第1章 総則　第1幼稚園教育の基本」

・　教師は、幼児との信頼関係を十分に築き、幼児が身近な環境に主体的に関わり、環境との関わり方や意味に気付き、これらを取り込もうとして、試行錯誤したり、考えたりするようになる幼児教育の見方・考え方を生かし、幼児と共によりよい教育環境を創造するように努めるものとする。

・　幼児の主体的な活動が確保されるよう幼児一人一人の行動の理解と予想に基づき、計画的に環境を構成しなければならない。

・　幼児と人やものとの関わりが重要であることを踏まえ、教材を工夫し、物的・空間的環境を構成しなければならない。

・　幼児一人一人の活動の場面に応じて、様々な役割を果たし、その活動を豊かにしなければならない。

---

3 ｜ 保育教諭

　2015（平成27）年度から本格施行となった「子ども・子育て支援新制度」では、幼保連携型認定こども園は、学校かつ児童福祉施設である単一の施設として設置・運営される。これに伴い、新制度における幼保連携型認定こども園では、子どもの教育・保育に従事する保育者には、幼稚園教諭免許と保育士資格の両方をもつ「保育教諭」であることが必要となる。細かく見ていくと、0～2歳児は保育士資格保有者、3～5歳児は幼稚園教諭免許と保育士資格の両方をもっていることが望ましいとされている。なお、幼稚園教諭や保育士のどちらかの免許・資格しかもたない者は、移行期間中に特例措置[*9]等でもう片方の免許・資格を取得しなければ、幼保連携型認定こども園において働き続けることができなくなる可能性がある。

*9
　幼稚園教諭免許か保育士資格のどちらか一つしか保有していない人のために、2015（平成27）年度から特例措置として資格・免許取得の講座が各大学で行われている。なお、3年以上の実務経験等が必要とされる。

第3節　保育者の責務

　日本では、保育者のあり方や職責が法律で定められており、保育者をめざす者は、これらを十分に理解したうえで、保育現場で実直に働かなければならない。

1 ｜ 保育者の服務

　保育者が仕事上、達成すべき事柄を「職務」と呼ぶ。その職務にしたがって仕事をすることを「服務」という。たとえば、あなたが公立の幼稚園、保育所に勤めている場合、「服務」は地方公務員法によって次のように説明される。

> 地方公務員法
> 30条（服務の根本基準）　すべて職員は、全体の奉仕者として公共の利益のために勤務し、且つ、職務の遂行に当つては、全力を挙げてこれに専念しなければならない。
> 31条（服務の宣誓）　職員は、条例の定めるところにより、服務の宣誓をしなければならない。

　では、私立の幼稚園、保育所ではどのような事情にあるのだろうか。公務員ではないので、私立では地方公務員法は適応されないが、私立の園を経営している団体・組織によって、服務を一通り規定した、いわゆる服務規程が定められているケースがほとんどである。

2 ｜ 職務上の義務

　地方公務員法32条には、「法令等及び上司の職務上の命令に従う義務」が定められている。そこでは、「職員は、その職務を遂行するに当つて、法令、条例、地方公共団体の規則及び地方公共団体の機関の定める規程に従い、且つ、上司の職務上の命令に忠実に従わなければならない」とされている。地方公務員である保育者は、法令等や上司の職務上の命令にしたがう義務が課せられている。これを一般に、職務上の義務という。

3 ｜ 身分上の義務

　地方公務員法33条には「職員は、その職の信用を傷つけ、又は職員の職全体の不名誉となるような行為をしてはならない」とあり、信用失墜行為の禁止が述べられている。これは身分上の義務の一つである。身分上の義務とは、保育者という身分を有する限り、当然、守らなければならない事柄をさしている。

　また、地方公務員法34条には「職員は、職務上知り得た秘密を漏らしてはならない。その職を退いた後も、また、同様とする」とされている。これは

秘密を守る義務である。

　さらに、地方公務員法36条には、「職員は、政党その他の政治的団体の結成に関与し、若しくはこれらの団体の役員となつてはならず、又はこれらの団体の構成員となるように、若しくはならないように勧誘運動をしてはならない」とされる。これは、政治的行為の制限をさしている。

*10　コンプライアンス
　一般に、法令遵守を表す用語である。たとえば、企業が運営を遂行する際に、関連する法令や社会的な規範、倫理に反することなく、すべての人々に公平に業務を遂行することをさす。近年、法令を無視した物品や食品の販売によって、多くの人々が被害を受ける事案が発生し、社会全体の取り組みとして、コンプライアンスが注目されるようになってきている。

4 ｜ 服務の違反

　これまで述べたさまざまな義務に違反した場合、どのようになるのだろうか。地方公務員法を例にとると、懲戒処分が下されることがある。懲戒処分には、免職、停職、降給、戒告がある。

　免職とは、いわゆるクビのことである。停職とは、職員としての身分は保ちながら、一定期間職務に従事させないことである。その間、無給になることがある。降給とは、給料が下がることであり、期限を区切って実行されることが多い。戒告とは、原因となった行動について注意を受けることである。いずれの懲戒処分も、社会人としての責任を問われるものであり、こうした事態に至らないように、日々、コンプライアンス*10を遵守する必要がある。

第4節　保育者の倫理

　首都圏をはじめとした大都市圏における保育者不足に頭を抱える時代を迎え、保育者の倫理という問題も世間に取り上げられることが増えてきた。その一方で、保育者の求人数に対して希望者の割合が下がり、保育者の質を確保するのが難しくなっている。大都市圏に限った話ではないが、幼児に対する保育者による体罰の問題、幼児や家庭の個人情報の保護に関する問題、保育者同士のパワーハラスメント*11やマタニティハラスメント*12の問題など、現代に特有の保育者を取り巻く倫理的な問題は、日本の各地で日常的に発生していると言えるだろう。

*11　パワーハラスメント
　職場において生じるさまざまな形でのいじめや嫌がらせのなかで、とくに上司が嫌がらせの主体となって発生するものをさす。上司は部下よりも、業務遂行上、上の立場に立つが、部下に対する業務上の妥当な仕事以外の命令や過度な要求は、本来の業務からは逸脱することになり、パワーハラスメントとして認定されるケースもある。

1 ｜ 全国保育士会倫理綱領の策定

　全国保育士会の策定した「全国保育士会倫理綱領」は、2003（平成15）年に全国保育協議会で採択された。この倫理綱領は保育士のさらなる質の向上を目標とし、保育士の国家資格化と歩調を合わせる形で公表された。

　倫理綱領の前文においては、保育士の基本姿勢が示されている。この内容は保育を仕事とする者全般に関わる重要な規定である。たとえば、「子どもたちは自ら伸びていく無限の可能性を持っています」という表現は、児童福祉法1条や児童の権利に関する条約で謳（うた）われている、子どもの受動的権利と能動的権利*13を表している。また、保育士は「子どもの育ち」と「保護者の子育て」を支え、「子どもと子育てにやさしい社会」の担い手と定義づけされている。これらは保育士の社会的な位置づけや職務の真髄を端的に説明している。

2 ｜ 倫理綱領のポイント

① 子どもの最善の利益の尊重

　保育士が常に子どものことを最優先に考えるという大前提が示されている。さまざまな要因から、子育ての過程において、保護者が「子どもの最善の利益の尊重」を行えない場合もある。保育の専門職に就く者として、子ども一人一人の発達を支える態度をもつことが肝要とされる。

② 子どもの発達保障

　保育が養護と教育の一体化したものとして示され、子ども一人一人の個人差に対応しながら、長期的な視野をもち、健やかな育ちを支えるという点が強調されている。とくに大人との信頼関係は子どもの発達に大きな影響を与えることが明らかになっているので、安定的かつ情緒的な絆（きずな）の形成が重要だと考えられている。

③ 保護者との協力

　保護者と保育士との関係性が明確に示されている。保育士は、保護者の子育てに寄り添い、共感しつつ、適切な情報を開示し、提供する必要がある。仮に保護者を指導する場合があったとしても、保護者の個別性や自己決定の権利を十分に尊重しなければならない。

④ プライバシーの保護

　保育士が職務上知り得た個人情報や秘密を漏洩（ろうえい）してはならないことが明記されている。保育所では、個人情報を連絡帳や日誌、児童票でやり取り、管理することが多い。近年は、パソコンで一元管理することもあり、USBメモリに情報を移して持ち運びが便利になった反面、紛失するリスクも高いことから、園によっては個人情報の電子データを持ち出し禁止にしているところもある。

*12　マタニティハラスメント
　妊娠した女性社員に対して執拗（しつよう）に退職を迫ったり、精神的に暫時退職するようなさまざまなプレッシャーを与え続けたりなどの一連の行為をさす。近年、女性の社会進出が顕著になっているが、いまだこうした嫌がらせ行為の報告は後を絶たない。自治体にはこうした悩みの相談窓口が設置されているので、自分が困難に陥った場合には、そうしたサービスを積極的に利用するとよい。

*13
　子どもの受動的権利とは、社会的弱者である子どもを守り育てているという視点に立った権利であり、能動的権利とは、子どもが自分の意見を述べたり、自己実現をしたりする権利のことを意味する。

全国保育士会倫理綱領

　すべての子どもは、豊かな愛情のなかで心身ともに健やかに育てられ、自ら伸びていく無限の可能性を持っています。

　私たちは、子どもが現在(いま)を幸せに生活し、未来(あす)を生きる力を育てる保育の仕事に誇りと責任をもって、自らの人間性と専門性の向上に努め、一人ひとりの子どもを心から尊重し、次のことを行います。

　　私たちは、子どもの育ちを支えます。
　　私たちは、保護者の子育てを支えます。
　　私たちは、子どもと子育てにやさしい社会をつくります。

(子どもの最善の利益の尊重)
1．私たちは、一人ひとりの子どもの最善の利益を第一に考え、保育を通してその福祉を積極的に増進するよう努めます。

(子どもの発達保障)
2．私たちは、養護と教育が一体となった保育を通して、一人ひとりの子どもが心身ともに健康、安全で情緒の安定した生活ができる環境を用意し、生きる喜びと力を育むことを基本として、その健やかな育ちを支えます。

(保護者との協力)
3．私たちは、子どもと保護者のおかれた状況や意向を受けとめ、保護者とより良い協力関係を築きながら、子どもの育ちや子育てを支えます。

(プライバシーの保護)
4．私たちは、一人ひとりのプライバシーを保護するため、保育を通して知り得た個人の情報や秘密を守ります。

(チームワークと自己評価)
5．私たちは、職場におけるチームワークや、関係する他の専門機関との連携を大切にします。
　　また、自らの行う保育について、常に子どもの視点に立って自己評価を行い、保育の質の向上を図ります。

(利用者の代弁)
6．私たちは、日々の保育や子育て支援の活動を通して子どものニーズを受けとめ、子どもの立場に立ってそれを代弁します。
　　また、子育てをしているすべての保護者のニーズを受けとめ、それを代弁していくことも重要な役割と考え、行動します。

(地域の子育て支援)
7．私たちは、地域の人々や関係機関とともに子育てを支援し、そのネットワークにより、地域で子どもを育てる環境づくりに努めます。

(専門職としての責務)
8．私たちは、研修や自己研鑽を通して、常に自らの人間性と専門性の向上に努め、専門職としての責務を果たします。

社会福祉法人　全国社会福祉協議会
全国保育協議会
全国保育士会

⑤ チームワークと自己評価

職場において円滑に業務を遂行するためのチームワークの大切さや関係諸機関との連携の重要性が指摘されている。こうした取り組みは保育の質の向上に役立つことは言うまでもない。加えて、つねに自分たちの保育活動に自己評価を加えることが明記されている。PDCAサイクル（p.69を参照）を念頭に、保育活動を進めていくことが肝要である。

⑥ 利用者としての代弁

社会的な弱者への支援の決意が示されている。つねに子どものニーズを受け止め、子育てをしているすべての保護者のニーズに応えられるような保育者であることが求められている。

⑦ 地域の子育て支援

地域で子どもを育てる環境づくりをするための努力を呼びかけている。日本社会において、地域のつながりが失われてから久しいと言われているが、今一度、保育者を中心にそうしたコミュニティづくりのきっかけをつくりたいという意欲のあらわれである。

⑧ 専門職としての責務

保育者としてつねに自己研鑽[14]を積み、質の高い保育を提供できるような使命感を述べている。保育士に求められるものは、時代が変われば、さまざまに変化していく。だからこそ、日々の努力や研修が欠かせないのである。

*14
詳しくは、本書第9章（p.145）を参照。

●参考文献●
厚生労働省『保育所保育指針』フレーベル館　2017年
文部科学省『幼稚園教育要領』フレーベル館　2017年
文部科学省『幼稚園教育要領解説』フレーベル館　2018年
内閣府・文部科学省・厚生労働省『幼保連携型認定こども園教育・保育要領』フレーベル館　2017年
柏女霊峰監修『全国保育士会倫理綱領ガイドブック』全国社会福祉協議会　2004年

Column ②

保育者としての喜び

北翔大学短期大学部　清水桂子

･･･

　保育者として仕事をするなかで喜びを感じる場面はたくさんあるものです。それらは、保育実践の中のみにとどまらず、数年後に思い出と共に感じるものもあります。ここでは、そんなエピソードを紹介します。

【保育者をめざす教え子との再会】

　保育所勤務のM子先生は、買い物中に「M子先生！こんにちは。わかりますか？」とさわやかで明るい女性に笑顔で声をかけられました。一瞬戸惑ったものの、満面の笑顔で「Iです」と名乗る言葉に、「Iちゃん！」と2人の喜びの声が響きました。その女性は13年前の保育園の教え子でした。

　「大きくなったね。いくつになったの？」という話から、「4月から保育の短大に行くんです！　保育士になります」とのこと。久しぶりに再会できて、立派になった姿を見るだけでもうれしいことですが、「保育士になります」という力強い言葉に、この仕事をやっていてよかった、と喜びをかみしめたとM子先生は言います。

【教え子とともに保育者として】

　H美先生は、幼稚園教諭として16年間勤務しています。今度受け入れる実習学生の書類の確認をしていたところ、十数年前の卒園生であることがわかりました。記載されている名前と生年月日、顔写真を確かめては、「もう、こんなに大きくなったんだぁ」としみじみと感じ、丁寧で美しい文字で書かれた実習の目標を繰り返し読み返しては、「保育者になることをめざしていたなんて……」と胸が熱くなる思いをしたそうです。

　実習のオリエンテーションが久々の再会の時となり、身長も伸びて大人っぽい姿のなかにも当時の面影が残り、一気に思い出がよみがえってきたと言います。その卒園生は、実習での懸命な取り組みが実を結び、4月からは卒園した園で幼稚園教諭1年目として勤務しています。H美先生は、保育者として関わってきた時代から時が流れ、今度は職場の先輩として、また同僚として一緒に過ごせることは、このうえない喜びだと言います。「保育者としての喜びを一緒に感じながら、保育職の素晴らしさを実感できるように役目を果たしたい」とこれからの新たな希望を話されました。

第3章

保育者の専門性
― 養護と教育の一体的展開 ―

本章では保育者に求められる専門性について、後の章で学ぶ内容につながっていくような、包括的かつ原理的な議論をすることにしたい。

この議論を展開するうえで、「そもそも保育とは何を意味するのか」という点から改めて考えてみよう。一般に、保育とは、「養護と教育を一体的に行う」営みとして説明されることが多い*1。このように説明される保育の営みは、最近の議論では、保育所保育指針（2017年告示）の記述に基づいて表3－1のようにとらえられている。

*1
たとえば、保育所保育指針では、「保育所は…（中略）…養護及び教育を一体的に行うことを特性としている」や「保育所における保育は、養護及び教育を一体的に行うことをその特性とするものである」といった説明が見られる。

表3－1　発達区分による保育のねらい及び内容一覧

発達区分	乳児保育	1歳以上 3歳児未満	3歳以上児
保育のねらい及び内容	生命の保持・情緒の安定　　　乳児保育の3つの視点 ・身体的発達に関する視点「健やかに伸び伸びと育つ」 ・社会的発達に関する視点「身近な人と気持ちが通じ合う」 ・精神的発達に関する視点「身近なものと関わり感性が育つ」　〔養護〕　　5領域（健康・人間関係・環境・言葉・表現）　〔教育〕		
保育の実施上の配慮事項	保育に関する全般的な配慮事項		
	乳児保育に関わる配慮事項	3歳未満児の保育に関わる配慮事項	3歳以上児の保育に関わる配慮事項

出典：井上孝之・山﨑敦子編『子どもと共に学びあう演習・保育内容総論』（第2版）　みらい　2018年　p.30

この表から「養護」と「教育」の関係について、いったい何を読み取ることができるであろうか。

第一は、「生命の保持・情緒の安定」として説明される「養護」と、「5領域（健康・人間関係・環境・言葉・表現）」として説明される「教育」が、

相互に関係しあって、その意味で一体となって考えられていることである*2。

第二に、子どもたちの年齢に応じて、保育の働きかけの比重が「養護」から「教育」へと徐々に大きくなっていることである。

そして第三に、これまで明記されてこなかった「乳児保育の３つの視点」が、「養護」と「教育」の関係のなかで明示化されていることである。

この３点を押さえたうえで、次の点にぜひ注目してほしい。それは、この表において、「乳児保育の３つの視点」や「養護」「教育」のそれぞれが実線ではなく点線で区切られていることである。この点からもわかるように、それぞれの関係は、保育の実践という生きた子どもたちが生活している状況を離れて固定的にとらえられるものではない。「養護」と「教育」のバランスは状況に依存しているであろうし、乳児保育においても「教育」的な視点が欠かせない場面があるはずである。それぞれが相互に浸透し合って、まさに不可分の関係で「保育」という実践は成り立っている。

本章の主題である保育者の専門性とは何かを考えるうえで、この「養護」と「教育」との一体的な関係を理解することはとても重要である。本章ではまずこの点をもう少し深く理解することから話を始めて、徐々に保育者の専門性の具体像に迫っていくことにしたい。

*2
「養護」と「教育」のそれぞれの理念やねらい、内容については、前掲の保育所保育指針や、その解説である保育所保育指針解説を読むとより丁寧な理解が得られる。

第1節 養護と教育

1 ｜ 保育者に見る「教育型」と「養護型」の２つのタイプ

まずは具体的な事例から考えてみることにしよう。以下のエピソードを読んでみてほしい。これはH先生が経験した事例である。

エピソード

「H先生は教育型の保育者？」

　H先生は教育学部に所属していた学生時代、子どもの発達の学習のために、ある小規模の保育所でボランティアを行っていた。資格を持った保育士の先生方の手伝いをしながら、子どもたちの遊びと生活の援助を行うというものだった。

　ある時、いつも落とし物をしてばかりいる５歳の女の子と外遊びに出かけた。冬の寒い季節で、頭にはニットの帽子を被り、厚手のコートを着て、手には毛糸

の手袋をはめるという格好だった。初めはとても寒がっていたものの、外で元気
よく遊ぶうちに、だんだん身体が温まってきた。遊び始めてしばらくたつと、そ
の女の子はとうとう手袋を取ってしまった。そして、遊びに夢中になるあまり、
手袋をどこかに落としてしまったのである。

　外遊びの時間が終了し、いざ園に帰るとなった時に、その女の子は初めて手袋
がないことに気がついた。そして、H先生にこっそりと、手袋を失くしてしまっ
たことを告げた。ふだんの様子を見ていたH先生は、その女の子にいつも落とし
物をしていることや、そのたびに先生方から気をつけるように言われてきたこと
を改めて時間をかけて話をした。女の子は手袋を失くしてしまったショックと、
H先生に叱られてしまった悲しさで、うなだれて話を聞いていた。H先生はかわ
いそうだとは思いながらも、この機会にしか伝
えられないと思い、できるだけ優しい言葉で丁
寧に話を続けたという。

　その様子を見ていた園長先生は、後日、「あ
なたは、教育型の保育者かもしれませんね」と
いう言葉をH先生に告げたそうである[3]。

*3
　なお、この女の子が
落とした手袋は、実は
一緒に遊んでいた友だ
ちが拾っていて、その
場でH先生のもとへ届
けてくれていたようで
ある。H先生の話によ
れば、手袋を落とした
子に一通り話をした後
で「○○ちゃんが拾っ
ていてくれたんだよ」
と手渡した時のその子
の安心感と申し訳なさ
そうな思いが入り混
じった表情が、今でも
忘れられないそうであ
る。

*4
　森上史郎・柏女霊峰
編『保育用語辞典〔第
8版〕』ミネルヴァ書
房　2015年　p. 2

*5
　たとえば、森上史
朗他編『最新保育講
座1 保育原理〔第3
版〕』(ミネルヴァ書房
2015年 p. 7) では、
その第1章に「『養護』
と『教育』が一体と
なった営みに対して、
わが国では長い間『保
育』という用語が使用
され、現在においても
法令に位置づけられて
います」という説明が
なされている。

　あなたはこうした「保育者」のタイプの見方についてどのような印象をも
つだろうか。前節ですでに保育の意味を考えた人は、「あれ？保育って養護
と教育が一体になったものじゃなかったの？」と思ったのではないだろう
か。

　もちろん、このエピソードに出てくる園長先生もそのことは十分承知して
いたはずである。なぜなら、先にも少しだけ触れたように、近年における
「保育」という言葉の一般的な定義には、「乳児、幼児を対象として、その生
存を保障する『養護』と心身の健全な成長・発達を助長する『教育』が一体
となった働きかけ」[4]というものがあるからである。

　もう少し詳しく述べると、次のようになる。「養護」とは、主として、子
どもの生命の保持のために必要な健康管理や生活管理等の援助、そして子ど
もの情緒の安定のために求められる受容的な関わりや配慮を意味している。
また、「教育」とは、子どもの発達の援助であり、それは5領域を通して総
合的に行われるものとされている。この「養護」と「教育」とが一体となっ
て行われる営みをさして、日本では長らく「保育」という言葉が用いられて
きた。そのため、標準的な保育のテキストを開けば、この定義は、表記され
る言葉に若干の違いがあっても、ほぼ同様の意味合いで頻繁に目にすること
ができるものである[5]。

こうした経緯を踏まえて考えてみると、園長先生の意図は、おそらく次の点にあったのだろうと推測できる。すなわち、園長先生は、一体となって行われる働きとしての「養護」の面がより強く前面に出るタイプの保育者を「養護型」と呼び、「教育」の面がより強く前面に出るタイプの保育者を「教育型」と呼んだのだという点である。H先生がどのような特性をもった保育者なのかを自覚させる意味で、こうした呼び方をあえてしたのであろう。

さらに言えば、この園長先生は、H先生にあらためて「養護と教育とが一体的になって営まれる保育」のあり方を考えてほしかったのかもしれない。

以下では、別のエピソードを基にして、さらに養護と教育の関係を考えてみよう。

2 | 例をとおして考える「養護」と「教育」の関係

たとえば、子どもたちに絵本の読み聞かせをしている場面をイメージしてもらいたい。「教育」という観点からみれば、子どもたちにとって絵本の読み聞かせは、「言葉」や「表現」等に含まれる5領域の経験をしていることになるであろう。絵本の内容によっては「人間関係」の面も含まれてくるかもしれない。一方、「養護」という観点から見れば、子どもたちにとって絵本の読み聞かせは、落ち着いた環境で情緒の安定を図ることになるかもしれないし、また保育者の読み聞かせの際の声や表情に安心感や信頼感を覚えることになるかもしれない。

別の例も考えてみよう。子どもたちが給食を食べている場面を思い描いてもらいたい。一般的に給食は、子どもたちの食事という生活にかかわる事柄であるため、「養護」の営みとして理解されやすい。子どもたちの健康増進という点でも、そうした理解は比較的容易である。しかし、近年の「食育」の動向を見ると、子どもたちにとって「食べること」は、それ自体が教育的な意味をもっている。食事のマナーや食材についての理解、食をつくる人への理解、食を支える「命」の理解……。このようにあげていけばきりがないほどの教育的価値を「食べること」は含んでいる[6]。

以上の例からもわかるように、子どもたちにとって保育の場で経験するさまざまな活動は、「養護」という面と「教育」という面の双方からその質を検討しなければならない。「養護のみ」、または「教育のみ」という偏った視点ではなく、双方が不可分のものとしてあることを意識し、保育者は子どもたちの経験の質を考えなければならない。その意味で、保育とは、「養護」と「教育」が「一体となった働きかけ」なのである。

*6
なお、「食」から保育内容を再考する試みとして、磯部裕子監修・みどりの森幼稚園著『「食」からひろがる保育の世界－みどりの森の食日記－』(ひとなる書房　2007年)は示唆に富む。

もちろん、先に見た「養護型の保育者」や「教育型の保育者」という区分が示すように、「自分にとって養護と教育とではどちらがより得意か」という問題はあるかもしれない。しかし、それは保育を行ううえでどちらかの視点を欠いてよいということではなく、あくまでもその人がどちらの視点を強くもっているかを示すにすぎない。それゆえに、自分の足りない視点を補う意味でも、自分とは異なるタイプの保育者と保育について議論することは意味をもつ。

　一つ事例をあげておこう。ある保育者養成校に通うGさんは、どちらかというと「教育型」の面が強く、その分だけ年齢の高い子どもたちとのかかわりを得意としていた。ルールを守って遊ぶことの大切さを教えたり、製作活動や運動遊びを通して「遊び」のおもしろさを伝えたりすることが、とても得意であると考えていたようである。Gさんはこうした自分の持ち味を最大限に生かして実習にも積極的に取り組み、また、日頃から幼稚園や保育所でのボランティアにもたくさん参加し、子どもとかかわる経験を積んでいた。

　さて、こうしたGさんであったが、保育実習で、ある保育所に伺うことになった。その際、指導を担当した保育者は、自分とは異なる「養護型」の面を見せてくれる先生だったという。Gさんは異なる保育の側面を見せてくれる先生の指導から、そこで初めて「保育」について考える機会を得ることになった。たとえば、「ルールを守って遊ぶ」ということを子どもたちが経験するとき、そこには「ルールを守る」という規範意識の教育だけではなく、人が共同して生活するうえで大切な、周囲の人からメンバーとして大切にされ、受け入れられていることを実感するという養護的な側面が含まれていることに気づいた。また、「製作活動」という教育的な働きのなかには、子どもたちが自分の力で活動をやり遂げて自信をもつという、「自己肯定感」を育む養護的な働きが含まれていることにも気づいた。Gさんは、これまで純粋に「教育的」な働きだと考えていたことが、実は「養護」の働きを抜きにしては成り立たないことを、実習担当の先生の指導をとおして学んだのである。そしてまた、自分とは異なるタイプの保育者から学ぶことで、自分の「保育」の見え方がより豊かになることを実感することができたのである。

　このように、自分とは異なるタイプの保育者との出会いから、自分の保育の考え方が揺さぶられ、新たな視点を獲得することにつながることがある。一人前の保育者を目指すうえで、こうした経験は欠かせないものであると言える。

さて、ここからは話題をさらに展開し、保育者の資質について考えてみよう。保育者の「資質」というと、あなたは何を思い浮かべるだろうか。まずあげられるのが、「子どもが好き」ということであろう。子どもを温かく包み込むような包容力があればこそ、保育者は子どもたちの「心のよりどころ」や「安全基地」になれる。また、いつも笑顔であることや、ハキハキと受け答えができること、さまざまな人とコミュニケーションがとれること、社会的な常識が身についていること、礼儀正しいことも、子どもの前に立つ「先生」としてとても大切だと言われる[7]。

一体、保育者の「資質」とは何なのだろうか。その根底にあるものを2つの視点から見てみよう。

*7
たとえば、谷田貝公昭・上野通子編『これだけは身につけたい保育者の常識67』(一藝社、2006年) 等を参照してほしい。

1 │ 保育者としての資質①：「保育」を思考する力

① 保育文化のヨロイ

以下は、とある保育者養成校の学生たちが「現在の保育に期待されている役割とは何だと思いますか」という問いに答えた結果の一部である。

表3-2 「現在の保育に期待される役割とは何か」という問いへの答え

保護者への相談支援・育児(子育て)支援
延長保育(預かり保育、早朝夜間保育、24時間保育を含む)
基本的な生活習慣や道徳、言葉の教育
集団生活の指導や社会性の育成
子どもの個性や善さを尊重する保育、子どもに寄り添う保育
自然体験や外遊び(季節感を味わう遊びも含む)の充実
食育の充実
ピアノや運動、英会話などの能力育成
児童虐待の早期発見・対応・防止

ここに示したものは回答された内容のごく一部である。ここに挙げたものだけを見ても、現在の「保育」の現場に、すなわち、そこで働く現在の「保育者」に期待されている事柄が非常に多いことがわかるだろう。もちろん、ここに挙がっていないものも含めてそのすべての期待に応えることができれば、少なくとも保護者にとっては最高なのかもしれないが、おそらくそれは

現実的ではない。なぜなら、価値が多元化している現代社会においては、保護者の数だけ「保育」への異なる要望があると言っても差し支えがないからである。それは時として相反する「保育」への要望としてあらわれることもある。

　そしてまた、「保育」は、そもそも保護者の要望に場当たり的に応え続けることが第一の目的なのではなく、それらの要望を受け止めつつも、まずなによりも「子ども」の成長のために行うものだからである。このように考える時、保育者に求められる資質のひとつは、目の前の子どもたちにとってどのような「保育」を行うことが大切なのかを、日々、状況に合わせて思考する力であると言える。

　この点を考えるうえで、みどりの森幼稚園（現幼保連携型認定こども園みどりの森）の園長である小島芳氏の言葉は示唆的である。小島は園の歩みを述べるなかで、「保育文化という重いヨロイ」の存在を指摘している[1]。この「ヨロイ」とは、保育の世界にある暗黙のルールのことをさす比喩である。すなわち、幼稚園や保育所、認定こども園であればこうあるべきという、強い拘束性をもった規範のことをさしている。

② 「当たり前」となっていることを今一度問い直す

　たとえば、入園式や季節行事といった定式化された活動は、保育を支える一つの規範である。おそらく日本国内の幼稚園・保育所、認定こども園であれば、どこに行っても大抵同じ行事を目にすることができるはずである。また、園の環境や保育室の壁面構成のあり方も、保育を支える一つの規範となっている。さらには、保育者の服装も「こうあるべき」という規範にしばられている。もちろん、これらの保育文化は、それなりの理由があって行われたり採り入れられたりしてきたものである。しかし、その意義が保育者にとっても、また子どもにとってもわからなくなった時、そうした保育文化は容易に無味乾燥な日常の仕事と化してしまう。つまり、「今までそうしてきたものだから」という理由だけで、「当たり前」のものと見なされてしまう。この時、仮に新人保育者が先輩保育者に対して「どうしてこの園ではこの行事をするのですか？」と問うたら、場合によっては、「そんなこともわからないのか」という対応をされたり、「そんなことを考えている暇があったら仕事をしろ」と言われたりする可能性がある。それくらい、「当たり前」として定着している保育文化は「ヨロイ」のように重く保育現場にのしかかっているのである。

　しかし、だからと言って、その「当たり前」の「ヨロイ」をそのまま受け

入れてしまってよいのだろうか。保育者にとっても子どもにとっても、その意義がはっきりとしないものをよく考えずに行い続けることが、はたして適切なことだと言えるのだろうか。前節で考えた通り、保育者は子どもたちの「養護」と「教育」のあり方を考え、実践しなければならない。この点に照らして、保育文化として「当たり前」となっていることを今一度、「なぜそれが必要なのか」と問うことが必要である。その結果、保育文化として定着している事柄を「続ける」こともあり得るであろうし、「つくり変える」という選択肢も出てくるかもしれない。さらには、「止める」という抜本的な変革や「新しいことに挑戦する」という試みも起こり得る。いずれにしても重要なのは、保育の世界の「当たり前」を疑い、目の前の子どもたちにとって何が大切なことなのかを問うことである。

　小島が指摘するとおり、この保育文化という「ヨロイ」を脱ぐことは、口で言うほど簡単なことではない。しかし、次の小島の言葉は、私たちに大きな力を与えてくれるものではないだろうか。

> 　今、みどりの森の子どもたちは園に来るとひたすらに遊ぶ。遊んで、お腹がすいたらご飯を食べて、また遊ぶ。遊びが何よりも優先されるために行事は最低限に絞った。入園式はお餅つきをして帰る。運動会もしない。散歩はするが仰々しい遠足には行かない。遊びを助けるための道具として「絵本と自然とわらべうた」を大切にしているが、それとて遊ぶこと以上のものではなく、子どもの育ちに必要な道具の一つだと思っている[2]。

2 ｜ 保育者としての資質②：子どもを「人間」として見る力

　再度、54ページで示した調査結果を見てほしい。そのなかに「子どもの個性や善さを尊重する保育、子どもに寄り添う保育」という記述があるのを見つけただろうか。こうした、子どもを保育の中心に据え、その子どもがもつ善き個性を最大限に尊重する関わりを行うという考え方を、ここでは広く「子ども中心主義」と呼んでおきたい。

　「子ども中心主義」という考え方は、もとをたどれば、18世紀の「子どもの発見」に端を発し、その後19世紀から20世紀初頭に形作られた思想である。すなわち、「大人」とは異なる保護し慈しむ対象としての「子ども」という存在に目が向けられるようになり、「子ども」を「子ども」として見るとい

う考え方が一般的になったことによって初めて生み出された思想である。

　こうした考え方は、今を生きる私たちの常識からみれば、きわめて当たり前の考え方であると言えよう。「子ども」を大人と同じように扱い、危険にさらしたり、困難にさらしたり、ましてや有害な情報や事物にあえて接するように仕向けたりするような、「子ども」という存在を尊重しない保育者をイメージすることのほうがむしろ難しい。

　しかし、「子ども」を「子ども」として見るだけで、はたしてそれで十分なのだろうか。たとえば、次の言葉をよく読んでみてほしい。この言葉は、日本の保育の草分け的な存在である倉橋惣三（くらはしそうぞう）のものである。

> 　人間を人間へ教育しつつあるということは、われ等の、一日も一刻も忘れてならないことである。また此（こ）の信念に於（おい）てのみ、われ等の日々の業務がほんとうに意味づけられる。或いは、この故にこそわれ等自身が生命づけられるというものである。
> 　（中略）子どもと俱（とも）に嬉々としてあそび暮らしつつ、人間教育の厳かさに生きるもの、それが幼児教育者である[3]。

　この倉橋の言葉に着目してみると、子どもの教育を「人間教育」と呼び、「人間を人間へ教育しつつある」ことを幼児教育者（保育者）の仕事として規定していることがわかる。つまり、倉橋は、「子ども」を「子ども」として見る思想を超えて、「子ども」を「人間」として見る思想にもとづいて保育を考えていたことが見えてくる。この点を詳しく考えるうえで、さらに次の言葉も見ておきたい。これは、「子どもを『人間』として見る」ということについて、認知科学者の佐伯胖（さえきゆたか）が述べたものである。

> 　「子どもらしい」ということを、「あっ、かわいい、かわいい」ということや、「あっ、あー、弱いんだから育ててあげましょうね」という意味での「子どもらしさ」ではないし、「子どもは子どもっぽくて、子どもらしいというのは、ああいうことやることなのか」ということとしてみるんじゃなくて、子どものなかには、私たちが本当に尊敬の念をもたざるを得ないものをもっているんだという思いで見るわけです。子どもには本来、「子どもらしい」ということが、本当に生き生きと出ている。おとなは、むしろ、出せなくなっている。で、おとながむしろ、子どもから本当の人間を学ぶという意味で、「子どもらしさ」を大切にするという、そういうことなんですね[4]。

　この言葉を見ると、倉橋よりもさらに「子ども」を「人間」として見る視点が強調されているのがわかるであろう。すなわち、「子どもらしさ」ということを、一般的に見られるような「子どもっぽさ」から区別し、改めて「子どもらしさ」という言葉の意味を「本当の人間」としてのあり方をさし示す

＊8
　この点について、矢野智司『幼児理解の現象学－メディアが開く子どもの生命世界－』（萌文書林、2014年）も併せて挙げておきたい。同書は、「幼児教育という通路を通って『人間の教育』の全体を論じたもの」（p.13）として大変示唆に富む。

語として再規定しているのである。

　「子ども」に「人間としての本当のあり方」を見出し、それをこそ尊重するということが、「子ども」を「人間」として見ることの第一歩にほかならない。倉橋そして佐伯の言葉は、これからを生きる保育者にその重要性を投げかけている[8]。

第3節 知識・技術および判断

1 ｜ 保育の場で求められる知識・技術の例

　以上の資質に支えられていることを前提として、保育者にはどのような知識・技術が求められるのであろうか[9]。手遊びやピアノ伴奏といった保育技術はもちろん重要である。だが、ここでは「子どもや子どもを取り巻く環境の理解」といった、より本質的な事柄に着目して一例をあげてみよう。

① 発達の理解

　最もイメージしやすいのは、子どもの発達段階に関する心理学的な知識かもしれない。初めて実習に臨む学生たちに話を聞くと、決まって「実習では子どもたちの生の発達の姿を観察してきたい」という決意を述べる者がいる。幼稚園であれば、3・4・5歳と年齢に応じて変化する発達の姿を理解することが必要になるからである。

② 環境構成

　子どもたちが生活する園の環境を構成する技術も、これからの保育者には強く求められるであろう。保育において「環境」は保育方法を規定する重要な外枠になるものである。しかし、この「環境」は、たんに周囲のものや人だけではなく、「時間」や「雰囲気」など、容易にはとらえがたい要素まで含んで成り立っている。そのため、とくに保育現場から離れて養成校で学ぶ学生にとっては、理解の難しいものとなっている。実習期間中に「環境」がもつ意義を認識できるように、日頃から意識している必要がある[10]。

③ 児童文化財

　次に出てくるのは、絵本や紙芝居等の子どもを取り巻く児童文化財にかかわる知識、およびその活用方法という技術かもしれない。絵本や紙芝居を全

*9
　なお、ここでは「知識」と「技術」という概念の内実をあえて問わず、一般的な用法として用いている。本来、「知識」と「技術」は「・」で並置できるような単純な関係性にあるわけではない。この点を考えるうえで、ギルバート・ライル著（坂本百大ほか訳）『心の概念』（みすず書房　1987年）は示唆に富む。

*10
　第7章（p.104～）を参照。

く目にしたことのない人はいないかもしれないが、それを「子ども」の前で
実際に読み聞かせをしたことがあるかどうかとなると、大半の学生はその経
験をもたないのではないだろうか。そのため、やはり実習に臨もうとする学
生に話を聞くと、「子どもたちに実際に読み聞かせをして、実践に活かせる
技術をマスターしてきたい」と答える者がいる。

④ 一人一人への個別の配慮

　近年、発達になんらかの障害を抱えている子どもの保育についても関心が
高まっている。そのため、幼稚園や保育所の現場で、そうした子どもたちと
のかかわり方の技術を実践的に学びたいと考える学生もいる。実際にそうし
た子どもたちと関わったことのある者ならば知っているだろうが、教科書で
学ぶ障害の特性と、実際の子どもたちが示す姿は時として全く異なることも
ある。そうであるからこそ、実践的な技術として、子どもをよく理解し発達
のための具体的な手法を学びたいと考える学生がいるのである*11。

*11
　第6章（p.89）を
参照。

⑤ 子育て支援

　さらに、近年では、幼稚園でも保育所でも、保護者の「子育て支援」を行
うことが一般的になっている。そのため、保護者との接し方や相談の受け方
という実践的な相談支援の技術を求める学生も多い。保護者の思いをしっか
りと受け止め、共に子どもを育てていく関係を築く実践的な技術を欲するの
は、当然の要求である*12。

*12
　第5章（p.76）を
参照。

　2 ｜ 現場での「判断」に結びつく知識・技術の学びのために

　保育者にはあまりにも多くの知識・技術が求められるので、真剣に考えれ
ば考えるほど途方に暮れた気持ちになってしまう。最悪の場合、それらの知
識の意味を問わず、面倒なことは考えるのをやめて、とにかくひとまとめに
して教科書に書かれていることを暗記するという方法や、誰かが正しいと
言ったから身につける、という最も効果の期待できない方法を選択してしま
いたくなる。

　しかし、ここで今一度考えておきたいのは、前節で見た「保育者の資質」
である。すなわち、保育者として「『保育』を思考する力」や「子どもを『人
間』として見る力」の2つである。この2つの力は、「日々の保育における
子どもや保護者とのかかわりのなかで、常に自己を省察*13し、状況に応じ
た判断をしていく」5）という保育者の専門性の根幹となるものである。す

*13
　本書の第4章
（p.69）や第9章
（p.149）を参照。

なわち、保育に関するどのような知識・技術も、この２つの力に関連づけられていなければ、実際の保育の現場においては役に立たないものとなってしまう。

　大切なのは、保育の場において「状況に応じた判断」をするために必要な「『保育』を思考する力」と「子どもを『人間』として見る力」の２つの資質を、まずはしっかりと育むことである。前節で紹介したように、「保育文化」という「当たり前」を疑ってみるのもそのための重要なトレーニングになるであろう。

　なぜ子どもにとって絵本や紙芝居が意味をもつのか、なぜ季節に応じたさまざまな行事が園生活に取り入れられているのか、子どもの主体性を尊重しようという考えがあるなかで、なぜいまだに保育の場で集団的な活動が盛んに行われているのか……。

　容易には答えを得られなくとも、「保育」という営みを少しずつ明確にしていくために問い続けることは重要である。さらには、自分が出会った子どもに、たんなる「子どもっぽさ」とは区別された、人間としての尊敬の念を覚える本当の人間としての「子どもらしさ」を見出すことも、その一つの手がかりになるであろう。この試みは、子どもを「かわいい」とか「愛らしい」と感じる素朴で単純な思いを超えて、子どものなかに「人間」を探究するという哲学的な営みとなる。

　このように、保育者として絶えず「人間」について探究し、その成長を支える「保育」という営みの意義を問うことが、一見すると回り道に見えて、実は保育者としての専門性を育む一番の方法なのである。

●引用文献●
１）小島芳「ゼロにして見えたこと」青木久子・浅井幸子編『幼年教育者の問い』（幼児教育知の探究３）萌文書林　2007年　pp.132-137（幼保連携型認定こども園に移行した今も、この方針は生き続けている様子である。みどりの森のHPを参照）
２）同上　p.134
３）倉橋惣三『育ての心（上）』フレーベル館　2008年　p.28（傍点は引用者による）
４）子どもと保育総合研究所編『子どもを「人間としてみる」ということ』ミネルヴァ書房　2013年　pp.29-30（傍点は引用者による）
５）青木久子・浅井幸子編『幼年教育者の問い』（幼児教育知の探究３）萌文書林　2007年　p.20

●参考文献●
森上史朗・柏女霊峰編『保育用語辞典［第８版］』ミネルヴァ書房　2015年
厚生労働省編『保育所保育指針解説』フレーベル館　2018年

Column ③

「養護」と「教育」の意味をとらえなおす

岩手県立大学　畠山大

　第3章では「養護」と「教育」という言葉の意味について確認したが、さらにもう少し深く考えてみよう。

　「養護」と「教育」が「一体となった働きかけ」と言う時、そこには「養護」と「教育」とがそれぞれ別のものとしてはっきりと区別でき、なおかつ並置できることを前提としていないだろうか。実は、そうしたイメージがあるからこそ、「一体化」という言葉が使われるのである。しかし、そもそも「養護」と「教育」はそのような関係にあるものなのか。

　この点を考えるうえで、教育哲学者 J. R. マーティンの議論は示唆に富む。マーティンは『スクールホーム─〈ケア〉する学校─』（原題：*The Schoolhome*）という書籍のなかで、書名と同じ名前の想像上の学校を創り上げて、提言を行っている。この学校では、伝統的な家庭において育まれてきた"care"（ケア）"concern"（関心）"connection"（結びつき）という養護的な「3つのC」を支えとする教育が営まれる。「3つのC」は「教育」と並置されるものとして、すなわち交換可能なものとしてあるのではない。むしろ「教育」をより意義あるものとするための欠かすことのできない前提条件として、この「3つのC」は規定されている。

　このマーティンの考えによれば、「教育」とは、「3つのC」のような「養護」的な条件を含み込まなければ、そもそも意義あるものとして成立し得ないのではないかという問いが生まれる。すなわち、双方が単純に並置可能なものとしてではなく、「教育」が「教育」として成り立つ存立条件として、「養護」が必要となるという包含的な関係性である。また、「養護」という言葉も、「3つのC」の議論に照らせば、子どもの「生命の保持」や「情緒の安定」を超えて、より広い意味をもつのではないだろうか。

　マーティンの議論だけをみても、「養護」や「教育」について再考することは、価値がある。保育者をめざす者は、こうした「保育」を支える基本的な言葉について、時折考え直してみるとよい 。その再考は、自分の「保育」の営みに、やがて大きな変化を生み出すものとなるであろう。

【参考文献】
ジェーン・R・マーティン著（生田久美子監訳）『スクールホーム─〈ケア〉する学校─』東京大学出版会　2007年

第4章
カリキュラム・マネジメントと評価
―教育課程・全体的な計画と自己評価―

　これは在職3年目の保育者からの手紙である。この手紙のなかには保育者として働き始めた当時の率直な思いや、保育者としての成長の様子が記されている。

エピソード

失敗から学んだ3年間

　先生、お久しぶりです、お元気ですか？　私は保育の世界に入って3年目、子どもたちの成長を楽しみつつも、保育者としてまだまだの自分を感じています。

　無我夢中で過ぎた1年目。①毎日保育案を考え準備をし、その日の子どもの様子を見ながら保育をしていましたが、たいていはうまく行かず、子どもたちが帰った後は②日誌を書きながら反省の日々でした。反省を踏まえ、また翌日の保育案を考えるという日々のなかで、ある時、ふと「私は今日、子どもと笑いあっただろうか？」と思い、やらねばならないことばかりを考え、笑っていない自分に気づきました。そして、まずは子どもたちと心から笑ってみようと考えました。そうすると子どもの前に自然体で立つことができ、不思議と子どもの笑顔も増えました。たとえ短い時間でもこうした時間を繰り返すことで、子どもの思いが理解できるようになってきて、③日誌を見ても、以前の記録は、こうしなければとか、注意事項ばかりが目につきましたが、この後の記録からは、個々の子どもの名前がたくさん書かれ、今読んでも子どもたちの様子が生き生きと思い浮かべられます。

　昨年は相変わらず失敗も何度となくありましたが、仕事の見通しがつくようになり、子どもと過ごす日々が楽しくなっていきました。子どもから学んだことを次の保育に生かすことができ、未熟でありつつもできることが増えていくことに喜びを感じるようになりました。それから、④発達の遅れが心配されるお子さんを初めて担当し、お母さんとは何回も話をし、お子さんの様子や日々感じたことなどを書いた手帳のやり取りをし、時には一緒に涙することもありましたが、1年が過ぎる頃には子どもの成長を確認し喜び合うことができたのです。子どもの成長を信頼すること、子どもにとって今、

何が必要か真剣に考え取り組むこと、お母さんと一緒にお子さんを育てていく喜びなど、保育者として大事なことを経験できた1年になりました。

今年は大体のことはできるようになり、仕事も楽しくなってきました。それと同時に自分には何ができて、何ができないのかがわかってきた年にもなりました。⑤接し方の難しいお子さんに対しては、先輩たちからアドバイスをいただきながら試行錯誤の中で関係を築いていっています。自分では気づかないようなところを指摘してくださる先輩たちの力に助けられつつ、自分も早くそのような実力を身につけたいとの思いが募っています。また、⑥保護者とのかかわりは年々難しく感じ、今の私の一番の悩みの種です。保育の難しさや奥の深さを実感しているところです。先生はよく私たちに「失敗から学ぶ」とおっしゃっていましたね。その言葉に何度救われたでしょうか。ありがとうございます。

学生時代にもっと勉強しておけばよかったです。今なら先生の講義、まじめに聞く自信があります！ また遊びに行きますね。先生、お元気でお過ごしください。

本章では、この手紙をヒントにしながら、保育実践のための計画や評価など、カリキュラム・マネジメント*1について考えていくこととする。

第1節 幼小連携とカリキュラム・マネジメント

1 乳幼児期から育つ非認知の力と幼児教育

世界中がインターネットでつながり、瞬時に多くの情報が手に入る時代になった。情報化、グローバル化社会のなかで、未来を生きる子どもたちに必要な力はどのようなものであろうか。それは、「他者と協働しながら価値の創造に挑み、未来を切り開いていく力」であり、社会の変化に対応できる力である。状況に応じて考え、課題を見出し、必要な情報を集め、説得力を持って必要な他者とともに課題解決していく力であり、柔軟な考え方ができ、多様な価値観に開かれた人が求められている。新たな価値を創造しながら自らも変容していくためには、他者との関係を構築していくコミュニケーション力、そして自らの存在価値と他者の存在価値に信頼をおくような人間性を身に付けることも必要である。

OECD*2 は世界の各国の保育・幼児教育（ECEC：Early Childhood Education and Care）に関する調査を重ね、①誕生からおおよそ8歳までの

*1
幼稚園教育要領「第1章 総則 第3 教育課程の役割と編成等 1 教育課程の役割」に次のような一文がある。「また、各幼稚園においては、6に示す全体的な計画にも留意しながら、「幼児期の終わりまでに育ってほしい姿」を踏まえ教育課程を編成すること、教育課程の実施状況を評価してその改善を図っていくこと、教育課程の実施に必要な人的又は物的な体制を確保するとともにその改善を図っていくことなどを通して、教育課程に基づき組織的かつ計画的に各幼稚園の教育活動の質の向上を図っていくこと（以下「カリキュラム・マネジメント」という。）に努めるものとする」。また、幼保連携型認定こども園教育・保育要領にもカリキュラム・マネジメントに関する一文がある。

*2
OECDは「Organisation for Economic Co-operation and Development：経済協力開発機構」の略で、本部はフランスのパリに置かれている。現在、OECDの加盟国は日本を含む35か国である。

子どもに対する明瞭で一貫性のある総合的な政策枠組みの構築、②学校教育制度と強固で対等な連携をとり、子どもの誕生期から生涯にわたる学びの支援の2点を重要な政策として掲げている。

　乳幼児期から発達する非認知の力（忍耐力や思いやり、自尊心など学習に対する前向きな傾向や自律性、仲間と協力する力の基礎）が土台となって、知識等の認知の力が生きてくること、乳幼児期の質の高い教育がその後の生活の質や幸福感につながっていることが明らかになったからである。OECD加盟国ではすべての子どもたちが質の高い幼児教育を受けられるよう幼児教育の無償化が進んでいる。

2 ｜ 資質・能力：幼児教育と小学校以上の教育を貫く柱

　日本では、教科教育中心の学校教育と、遊び・生活が中心の乳幼児期の保育・教育は、長い間切り離されて考えられてきた。しかし、世界の動向を受け、2017年度告示の幼稚園教育要領、保育所保育指針、幼保連携型認定こども園教育・保育要領、小学校学習指導要領の改訂（定）のなかで、幼児教育と小学校以上の教育を貫く柱として、幼小で育成される子どもの資質・能力[*3]を示した。

*3
　幼稚園教育要領、保育所保育指針、幼保連携型認定こども園教育・保育要領、小学校学習指導要領のそれぞれ第1章に明記されている。

資質・能力

①知識・技能（遊びや生活のなかで、豊かな体験を通じて、何を感じたり、何に気づいたり、何が分かったり、何ができるようになるのか）

②思考力・判断力・表現等（遊びや生活のなかで、気付いたこと、できるようになったことなどを使いながら、どう考えたり、試したり、工夫したり、表現したりするか）

③学びに向かう力・人間性等（心情、意欲、態度が育つなかで、いかにより良い生活を営むか）

　さらに、資質・能力のイメージ図を図4−1に示した。これらは知的な力、情意的また協働的な力からなり、相互に循環的に育成されるものである。幼児教育においては①知識・技能の基礎、②思考力・判断力・表現等の基礎、③、学びに向かう力・人間性等とされ、環境を通して行う教育のなかで、遊びを通しての総合的な指導を中心に展開されるものとしている。

　そして、これらは家庭での育ちや乳児期からの養護的側面、生命の保持や情緒の安定を土台に培われ、子どもの主体的生活や自発的遊び、それに対する保育者の援助というプロセスのなかで育まれていく。保育者はそれらをカリキュラム（curriculum）[*4]として構造化（カリキュラム・マネジメント）

*4　カリキュラム（curriculum）
　定義は諸説あるが、一般的には学校や教育機関において教師が組織し子どもが体験する「教育経験の総体」とされている。一定の保育目標や目的に合わせて考え出された保育内容と、在園期間に経験する学習経験を総合的に計画したものをいう。

64

し、評価・改善しながら、保育者・教育者集団や他の専門職とともに子ども
を育んでいくことが求められている。

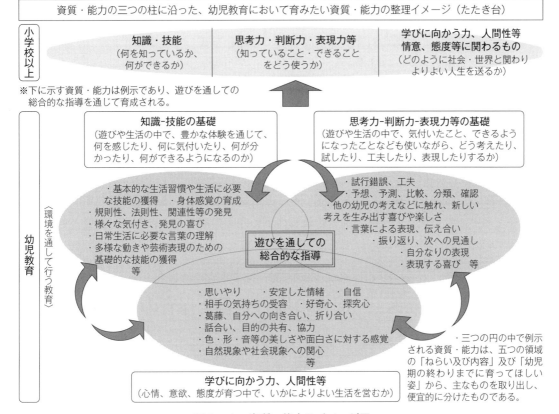

図4−1　資質・能力のイメージ図
出典：文部科学省中央教育審議会「幼稚園、小学校、中学校、高等学校及び特別支援学校に学習指導要領の改善及び必要な方策
　　　等について（答申）別添資料平成28年12月」

3 ｜ 幼児期の終わりまでに育ってほしい姿

　幼稚園教育要領、保育所保育指針、幼保連携型認定こども園教育・保育要
領、小学校学習指導要領には共通に「幼児期の終わりまでに育ってほしい姿」
（10の姿）が明記された。乳幼児期と学齢期が分断せず、連携を図りながら
学びを支援する方向に向かっている。

幼児期の終わりまでに育ってほしい姿
①健康な心と体　　②自立心　　③協同性　　④道徳性・規範意識の芽生え
⑤社会生活との関わり　　⑥思考力の芽生え　　⑦自然との関わり・生命尊重
⑧数量や図形、標識や文字などへの関心・感覚　　⑨言葉による伝え合い
⑩豊かな感性と表現

これらは、これまで就学前の保育内容5領域に示されていた内容をピックアップしたものである。到達目標ではなく、あくまで遊びや生活のなかで表れてくる姿であり、文末が「…ようになる」と示されているように、発達の方向性であり、幼児期の終わりの時点で完成されるものではない。小学校では、幼児期の自発的な活動としての遊びを通して育まれてきた10の姿の基盤をふまえ、①主体的に自己を発揮しながら学びに向かう、②生活科を中心に合科的・関連的指導、弾力的な時間割設定で小学校教育を始めていくこととなる。これがスタートカリキュラムである。

また、今回の改訂から3歳以上の幼児期の施設での教育を「幼児教育」とし、幼稚園、認定こども園と同様に、保育所も「幼児教育を行なう施設」として位置づけられた。幼児教育では主体的な遊びを中心とした教育的活動を意識した保育の計画を立てること、保育内容の評価は保育者の専門性向上や保育実践の改善に加え、教育の質の向上の観点からの評価が重要とされている。

＊5
　幼稚園教育要領「第1章 総則 第3 教育課程の役割と編成等　1 教育課程の役割」には次のような一文がある。「各幼稚園においては、教育基本法及び学校教育法その他の法令並びにこの幼稚園教育要領の示すところに従い、創意工夫を生かし、幼児の心身の発達と幼稚園及び地域の実態に即応した適切な教育課程を編成するものとする。」

第2節　カリキュラム　―保育の場の整備と保育の展開の基準―

1 ｜ 各園の保育の方向性を示すもの

保育の場は、子どもたちが安心しながら生活でき、自分の思いをのびのび表現し、試行錯誤ができる場であり、友だちの思いに気づいたり、時には友だちとの葛藤も経験しながら、成長・発達を保障するところである。

保育者は子どもたちと生活を共にしながら、子どもが安心できる雰囲気をつくり、安全に過ごすことができる環境を整備し、子どもたちがさまざまな遊びに意欲的に取り組めるように保育の準備を行う。子どもにふさわしい保育環境をつくりだすために、保育者は、子どもたちの発達状況や興味・関心を把握し、育ちの方向や季節にあった遊びや生活環境を用意すると共に、保護者の願いを理解しながら保育実践を行っているのである。

子どもたちはこのような環境のなかで、ただ楽しい時間を過ごすというだけではなく、遊びや生活を通して多くのことを学び、人間として生きていくうえで必要不可欠なものを身につけながら成長している。乳幼児期は成長・発達が著しい時期であるだけでなく、生涯にわたる人間形成の基礎を培う重要な時期である。この時期の子どもの成長を支える保育の場は、その後の成長をも基礎づけるものとなる。

こうした保育の場を整備し、保育実践を行うための基準となるものが教育課程*5と全体的な計画*6である。これらは全体的で長期的見通しをもっており、保育の方向性を示すものである。これらを踏まえ、短期的でより具体的で実践的な指導計画*7が作成される。指導計画には、年間指導計画、学期別あるいは期別指導計画、月案などの長期計画と、週案、日案などの短期計画がある。

幼稚園、小学校の教育課程はカリキュラムとよばれる。

2 ｜ 教育課程・全体的な計画：在園期間の発達の道筋

教育課程・全体的な計画は、幼稚園教育要領、幼保連携型認定こども園教育・保育要領、保育所保育指針を踏まえながら、幼稚園や認定こども園、保育所が園の保育方針や目標に基づいて独自に編成する。入園した子どもが卒園までの間にどのような時期にどのような経験をし、何を学ぶのか、在園期間にどのように育っていくのかなど、その園での発達の道筋を示すものである。

編成にあたって、子どもの発達過程を踏まえ、「ねらい」や「内容」が園生活全体を通して総合的に展開されること、子どもの生活の連続性や発達の連続性に留意し、入園から卒園までの長期的見通しをもつこととされている。また、計画は柔軟性と一貫性のあるものとし、各園の理念や目標を土台として、子どもや家庭の状況、地域の実態等も考慮しながら編成することとされている。

図4-2に示すように、各園の保育実践の蓄積を大切にしながら特色ある教育が示されるものである。同時にどの園にも共通する子どもの最善の利益を守り、公教育の特性をもつ幼稚園、保育所、認定こども園の役割も忘れてはならない。現在の保育・教育が果たさなければならない課題を明確にし、幼児期の終わりまでに育ってほしい姿を共通に理解しながら、保育・教育の目標が達成されるように編成し、必要に応じて改善がはかられる。

3 ｜ 指導計画：子どもの実態を踏まえた実践計画

指導計画は、教育課程・全体的な計画にもとづき、保育者が子どもの実態を踏まえながら日々の保育をどのように実践していくのかを考慮して立案していく。一年間の子どもの発達を見通した年間計画、季節や行事を節目に期間を限定した期間計画、毎月の計画としての月間計画（月案）、週単位の週

*6
幼稚園教育要領「第1章 総則 第3 教育課程の役割と編成等 6 全体的な計画の作成」には次のように書かれている。「各幼稚園においては、教育課程を中心に、第3章に示す教育課程に係る教育時間の終了後等に行う教育活動の計画、学校保健計画、学校安全計画などとを関連させ、一体的に教育活動が展開されるよう全体的な計画を作成するものとする。」
幼保連携型認定こども園教育・保育要領「第1章 総則 第2 教育及び保育の内容並びに子育ての支援等に関する全体的な計画等」には次のように示されている。「各幼保連携認定こども園においては、…（中略）…教育と保育を一体的に提供するため、創意工夫を生かし、園児の心身の発達と幼保連携型認定こども園、家庭及び地域の実態に即応した適切な教育及び保育の内容並びに子育ての支援等に関する全体的な計画を作成するものとする。」
保育所保育指針「第1章 総則 3 保育の計画及び評価」には次の一文がある。「保育所は、1の(2)に示した保育の目標を達成するために、各保育所の保育の方針や目標に基づき、子どもの発達過程を踏まえて、保育の内容が組織的・計画的に構成され、保育所の生活の全体を通して、総合的に展開されるよう、全体的な計画を作成しなければならない。」

＊7
　指導計画作成の具体的な留意事項は以下を参照。
・幼稚園教育要領「第１章第４ 指導計画の作成と幼児理解に基づいた評価」
・幼保連携型認定こども園教育・保育要領「第１章第２の２ 指導計画の作成と園児の理解に基づいた評価」
・保育所保育指針「第１章３の⑵ 指導計画の作成 ⑶指導計画の展開」

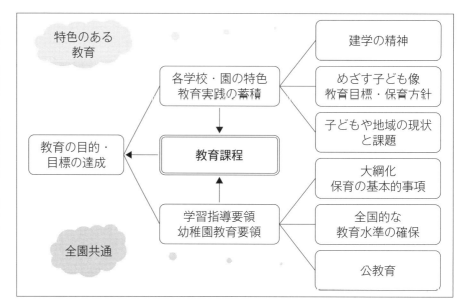

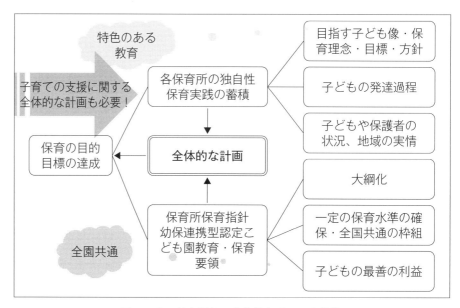

図４－２　教育課程・全体的な計画の全体像

出典：筆者作成

間計画（週案）、日々の計画（日案）が順次計画され、こうした一連の計画のもとに保育が展開されるのである。

　教育課程・全体的な計画および指導計画は、子どもの状況や保護者のニーズの変化、社会の動向などによっても見直し、必要に応じて修正を加え、適切な保育が展開されるよう柔軟に扱わなければならない。

第3節 PDCAサイクルと保育の質の向上

1 | 質の向上は社会的責任

　保育の計画（Plan）にもとづいて保育実践（Do）が行われるが、実践したらそれで終わり、というわけではない。日々「振り返り」を行い、反省のなかから子どもの心情や発達状況を読み取り、保育の姿勢や子どもに対する適切な対応、保育者としてのあり方を見出し、「ねらい」「活動内容」「方法」等の省察[*8]を繰り返し、保育内容の評価（Check）とそれに基づく改善（Action）に努めなければならない。そして、この改善を反映させて次の保育の計画が立案されていく。このPDCAサイクル（計画［Plan］→実践［Do］→評価［Check］→改善［Action］）により、保育者は保育の質の向上を図り、社会的責任を果たさなければならない。

＊8
第9章のp.149を参照。

2 | 見通し→柔軟な対応→振り返り→新たな保育へ

　保育実践の質の向上について、本章62～63ページの保育者の手紙を見ながら、具体的なポイントを考えてみよう。

① 計画 は見通し、大切なことは、子どもの姿を柔軟に受け止め、 実践 すること

　保育者は手紙の◇で毎日、保育案を立案している。これは長期的な指導計画を踏まえた短期計画であり、最も保育実践に連動した日案と考えられる。計画を受けて準備するだけでなく、「その日の子どもの様子を見ながら保育

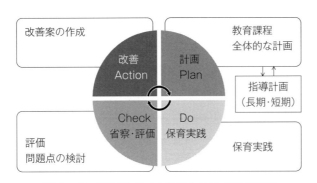

図4－3　PDCAサイクルにおける保育の評価
出典：筆者作成

をしている」と書いているように、計画どおり実施することを重視している
のではなく、子どもの様子を見ながら柔軟に対応していることがうかがえる。
　計画はあくまで見通しであって、大切なことは目の前の子どもの声に耳を
傾け、子どもの主体性や個人差を柔軟に受け止めながら実践していくことで
ある。実践のなかで保育者は、個々の子どもの姿や思いを新たに発見したり、
子どもたちの様子から保育のねらいが子どもの発達に適切であったかどうか
を判断する。保育のねらいだけでなく、保育方法や保育実践の展開方法、教材
や環境構成等についても適切であったかどうかを見極めなければならない。

② 記録を取り、振り返ることで保育を 評価 し、子ども理解を深める
　保育に関する見極めや判断は、手紙の◈に示されるように、保育の記録を
まとめながら行われることが多い。一日の保育を振り返り、あらためて子ど
もの様子を思い起こしながら、計画・保育方法の適切さを評価し、改善すべ
き点を見出し、次の計画に反映させていく。そして、子どもの反応の背景に
あったものは何かを探るなかで、子どもの発達理解を深め、個々の子どもの
抱えているものを的確に見出すようになっていく。

③ 省察 により保育者としての専門性が磨かれる
　子どもに向き合う姿勢や個々の子どもに対する声かけを振り返り、場面ご
とに客観的に整理してみる。その場面での保育者の意図や思い・判断を冷静
に見つめていく。こうした作業によって、子どもや自分自身の姿を多面的に
とらえ直し、保育者としてのあり方を反省し、保育実践を省察していく。
　省察とは、振り返りの過程で、保育者自身の子どもや保育を読み取る枠組
みや見方が修正され、新たな関わりを見出したり、保育実践をつくり直して
いくきっかけとなる行為である。たんなる反省にとどまらず、このような省
察によって、保育者としての専門性が磨かれ、力量が育っていくのである。

④ 改善 点を次の計画に生かす、記録は保育の質の向上の手がかり
　保育の記録には、反省を踏まえた保育の改善点が示され、それが次の計画
に生かされる。手紙の◈には、新任時代は自分の行為や保育に向かう姿勢・
意識などの注意事項ばかりが記録されているが、余裕が出てくると個々の子
どもの様子をしっかり記録していることがうかがえる。そして、保育経験を
積むなかで、この記録が保育の深さや保育者の子ども理解の深さを示すもの
となっていくのである。このように保育における記録は大切なものであり、
保育の質の向上の手がかりとなるものである。

第4節 保育の記録 —言語化・可視化は保育者の専門性—

1 | 見える事実と見えない子どもの内面の洞察

　記録は、実践評価と次の保育実践のための重要な要素であることを述べてきた。記録とは、事実を記載するものである。しかし、それだけでなく、記録には目に映った事実と共に、子どもの表情や言動などから見出すことができる子どもの心の動きや思い、心情など、目に見えない子どもの内面にあるものも洞察して記されることになる。

　たとえば、サッカー遊びをしていても、ボールを蹴ることが楽しい子ども、ボールを的（まと）に入れることを楽しんでいる子ども、ボールのやり取りを楽しむ子ども、ルールのあるゲームとして楽しむ子どもなどさまざまである。同じ遊びをしていても、その遊びのどこに興味をもっているのかは子どもによって異なるし、同じ子どもでも日によって関心は異なっていく。サッカーで遊んでいた事実は保育者でなくとも記録はできる。しかし、サッカー遊びのどこに子どもが興味をもっているのかを、発達的な視点で記録をすることは、子どもの発達を熟知した保育者だからこそできることなのである。このように、見える事実から見えない子どもの内面を洞察する力は保育者の専門性である。

2 | 保育を見るまなざし、感性と言語化

　一日に起きる多くの出来事のうち、保育者が記録に残す内容は、特筆すべき重要と考えられる事柄だけではない。ささやかなことであるが残しておきたいエピソード、保護者に伝えたいその子らしいエピソード、どのように考えたらよいのかわからないために書き残す必要があると感じた出来事などがある。このように、記録する行為のなかには、記録に残すべき内容であるかどうかの判断や、どのような言葉で記録することが適切か、事実を最もよく表す言葉はどれかを選ぶ「言語化」の難しさが潜んでいる。そもそも、目の前に繰り広げられている光景が重要な出来事であることに気づくまなざしや感性が育っているかという問題もあるだろう。

　エピソードを見てみよう。

アキちゃんの気持ち

　　初めて集団生活に入ってきた4歳児のアキちゃん。声を掛けられても誘われてもほかの子どもたちと関わらず、ひとりで砂遊びをしていてほかの子どもから砂を盛られても無視している。

　　入園からしばらくたったある日のこと、アキちゃんの遊びに関わろうとするほかの子どもを、アキちゃんが押し倒してけがをさせてしまった。アキちゃんの保護者はその事実を受け入れられない様子だった。そこで保育者は、「思いがけずけがをさせてしまうことになってしまいましたが、この出来事はアキちゃんが初めて自分の思いをお友だちに示せた成長の証_{（あかし）}かもしれませんね。お友だちに心を開けたことで、ここから人間関係が広がっていくといいですね」と丁寧に説明をした。また、けがをしたお友だちは、アキちゃんと遊びたかったからついつい嫌がるようなことをしてしまったという思いも汲み取って伝えたところ、保護者の理解を得ることができた。

　　事実はアキちゃんがほかの子どもにけがをさせたということであるが、その出来事のなかにある真実は異なる。このように、目に見える事実のなかに潜む見えない真実を、どのように見出し、正しく伝えていくのかは、言語化の問題である。言語化できなければ他者にも伝えられないし他者からの理解も得られない。見えないものを見えるようにすることを「可視化」あるいは「見える化」と言うが、子どもたちの日常の出来事に潜む真実を言語化し、可視化していくことは難しいことであるが、保育者としての高度な専門性である。

第5節　保育内容等の評価 ―自己評価と園全体の評価―

1 ｜ 自己評価と保育カンファレンスで得られる新たな視点

　　保育者は日々、保育の記録をとおしてみずからの保育実践を振り返り、自己評価をすることをとおして専門性の向上に努め、保育実践の改善につなげている[*9]。しかし、それだけでは十分な評価とはいえない。とくに新任の

うちは、目の前のことに追われ、全体が見えておらず、気づかなかったり見落としてしまったりしている出来事も少なくない。そのような時に有効な保育の振り返り方法は、「保育カンファレンス」である。

保育カンファレンスは、一人の子ども、一つの事例、一つのエピソードを取り上げ、職員相互の話し合いのなかで課題や解決の方法を見出していくのである[10]。その際に重要な資料となるのは保育実践記録である。

手紙の保育者も◈にあるように、保育の振り返りのなかで、自分では見つけることができなかった子どもとの接し方について、先輩保育者からの具体的なアドバイスを実践に生かしている。そして、自分では気づかないような視点をもつ保育者に敬意を示し、自分自身もそのような、保育や子どもを見る視点をもった実力のある保育者になりたいと述べている。保育者の専門性は保育や子どもを見るまなざし、視点や感性であると、3年目の保育者は見出している。

2 ｜ 園全体の評価の公表と開かれた保育

評価は保育者個人の保育実践だけでなく、クラスや学年、園全体で行うことも必要である。保育者個人の自己評価を踏まえ、園全体の保育内容や保育方法、保育実践のあり方が子どもたちにふさわしいものであったのか、子どもたち一人一人の成長・発達を促し、子どもたちにとって試行錯誤することができ、のびのび自分の思いを表現する場であったのか。友だちや仲間の思いに気づき、生きていくうえで必要な葛藤の経験ができたのか、保護者の意向や地域の実情に即した保育であったのか。さまざまな観点から園の保育評価を行い、課題や改善点を明確にし、次の保育に生かす。同時に、評価の内容を公表し、保護者や地域住民の意見を聞くことが望まれている[11]。

保育の無償化が始まり、国民の税金によって行われる保育について、広く社会の人々に園の保育を公表し、理解を得られるような説明をしていくことも重要な役割である（説明責任＝アカウンタビリティという）。

園全体の保育が保護者や地域住民に理解され評価されるようになることで、保育の大切さが共有され、地域の子育て力も増していき、地域における園の存在意義も高まる。また、保育とは、保育者だけで実践するものではなく、保護者とともに育てていく側面が大きい。ただし、保護者は自分の子どもに対する期待や願いは大きいが、子どもの発達を充分に学んだ専門家ではなく、保育や子育てについても自分なりに試行錯誤しながら行っていることが多く、不安も大きい。手紙の保育者も、◈に示されているように、保護者

*9
保育所保育指針「第1章3の(4) 保育内容等の評価
ア保育士等の自己評価
(ア) 保育士等は、保育の計画や保育の記録を通して、自らの保育実践を振り返り、自己評価することを通して、その専門性の向上や保育実践の改善に努めなければならない。
(イ) 保育士等による自己評価に当たっては、子どもの活動内容やその結果だけでなく、子どもの心の育ちや意欲、取り組む過程などにも十分配慮するよう留意すること。」

*10
保育所保育指針「第1章3の(4) 保育内容等の評価 ア 保育士等の自己評価
(ウ) 保育士等は、自己評価における自らの保育実践の振り返りや職員相互の話し合い等を通じて、専門性の向上及び保育の質の向上のための課題を明確にするとともに、保育所全体の保育の内容に関する認識を深めること。」

＊11
　保育所保育指針「第
1章3の⑷保育内容
等の評価　イ　保育所の
自己評価」に次のよう
な記載がある。
「㋐保育所は、保育の
質の向上を図るため、
保育の計画の展開や保
育士等の自己評価を踏
まえ、当該保育所の保
育の内容等について、
自ら評価を行い、その
結果を公表するよう努
めなければならない。
㋑保育所が自己評価
を行うに当たっては、
地域の実情や保育所の
実態に即して、適切に
評価の観点や項目等を
設定し、全職員による
共通理解をもって取り
組むよう留意するこ
と。
㋒設備運営基準第
36条の趣旨を踏ま
え、保育の内容等の評
価に関し、保護者及び
地域住民等の意見を聴
くことが望ましいこ
と。」

と一緒に涙を流したりしながら保護者とともに子育てをする喜びが保育者と
して大事な経験となったと述べている。

　また、◈に示されているように、子どもの保育については自信がもてても、
さまざまな年齢、さまざまな価値観をもった保護者との関わりは難しく、ベ
テラン保育者にとっても容易ではない。まして、発達の遅れの疑いがあると
思われる子どもや対応の難しい子どもについて話をするとき、また保護者自
身が病気の場合もあり、子どもの発達を見る確かな目と保育を言語化するこ
とのできる専門性の裏づけのある保護者対応が求められている。このような
きめ細かな保護者との関わりのなかから保育に対する信頼が得られ、園全体
が地域に開かれたものになっていくのである。

Column ④

実習支援室からのエール

東北福祉大学　後藤さくら

　授業や実習指導でかかわる先生方のほかに、学校にはみなさんの夢の実現を応援している、もう一人の大人がいることをご存じですか？

　私は保育者をめざす学生の実習に関わる事務を仕事としています。実習先の調整や実習に行くまでの事前の準備、実習に行った後の課題の受け取りなど、いろいろな場面で関わり、陰ながらみなさんの成長を見守っています。

　実習に関わる諸々の手続きのなかで、時には厳しく接することもあります。たとえば、事前の相談もなく課題の提出時間が1分遅れたとしたら受け取ることはできません。たかが1分くらいと思う方もいらっしゃるかもしれません。しかし、実習に1分遅れて出勤したら実習先の方はどう思うでしょうか？　子どもと約束した時間を守れなかったら？　常に実習を意識し、時間を守ること、約束を守ること、そういった当たり前のことが当たり前にできることをまず大事にしてほしいと考えています。

　在学中は時に厳しいとの声もいただきますが、卒業し保育者となり、働き始めてからその厳しさがいかに大切なことであったかを実感しているということを、ある卒業生が教えてくれました。卒業後、貴重なお休みの日に学校に遊びにきてくれて、子どもから学んだこと、今現在悩んでいることを話してくれます。これこそが私の楽しみであり、やりがいです。みなさんが保育者になり、卒園児の成長をみることができたら、きっと同じような喜びを得ることができると思います。

　どうぞこれからさまざまなことにチャレンジし、子どもの成長を支えるために一生懸命学び、実践し、反省し、取り組んでください。そのなかで、迷う時もうれしい時も、在学中も卒業後も、学校にはみなさんの夢を応援し、見守っている人がいることを忘れないでください。

第5章

保育者の仕事

未就園児サークルのひとコマ ─────────

　保護者と未就園児が徐々に園に入ってくる。とても緊張して保護者の近くを離れず園に入ってくる子や、興味津々に目を輝かせながら園に入ってくる子とさまざまな子どもたちがいる。保育者はそんな子どもたちに対し丁寧に関わっていく姿、また保護者に対しても丁寧に話をしていく姿が見られた。

　未就園児サークルとは、幼稚園に入る前の子ども（未就園児）が徐々に園に慣れるために保護者と一緒に園を訪れ、さまざまな活動に参加するものである。保育者は子どもと保護者に対して丁寧に関わり、信頼関係を形成していく。このように、保育者が関わるのは園内の子どもと保護者だけではない。園に入る前の子どもと保護者との関わり、地域の人に対する支援、そしてさまざまなニーズのある子どもたちに関わっていくことになる（次頁のイラストを参照）。本章では、保育者の仕事をより具体的にみていこう。

第1節 子どもへの関わり

　保育者の仕事として、まず第一に子どもと関わることがあげられる。これは誰もがイメージすることであり、保育者として最も楽しい場面であると考えるであろう。確かにその通りではあるが、子どもとの関わりはただ楽しければよいというものではない。児童福祉法には、国民は児童の意見を尊重し、その最善の利益が優先されるよう努めなければならないとされている。また、子どもの権利条約でも「児童の最善の利益が主として考慮されるもの」であ

るとされている。つまり子どもと楽しく関わるだけではなく、子どもの最善の利益を保障するよう保育者は心がけなければいけない。そのため、保育者は子どもと関わるなかで、実はいくつもの役割を持っている。幼稚園教育要領（第1章）では、その役割を次のように述べている[1]。

幼稚園教育要領

第1章 総則　第4 指導計画の作成と幼児理解に基づいた評価　3 指導計画の作成上の留意事項(7)

　幼児の主体的な活動を促すためには、教師が多様な関わりをもつことが重要であることを踏まえ、教師は、理解者、共同作業者など様々な役割を果たし、幼児の発達に必要な豊かな体験が得られるよう、活動の場面に応じて、適切な指導を行うようにすること。

　加えて、「このような役割を果たすためには、教師は幼児が精神的に安定するためのよりどころとなることが重要である」（幼稚園教育要領解説）[2]とある。これは安全基地としての働きであると解釈できる。

　これより、これらさまざまな役割がどのようなものであるかを、具体的なエピソードから読み取っていこう。エピソードは筆者が保育現場において観察したものである。

 Q　保育者はどのような仕事をするの？

　　A　主に「子ども」と「保護者」と「地域」に関わります。

子どもに対する保育者の役割

理解者　　共同作業者　　安全基地　　憧れのモデル　　援助者

保護者への支援

地域への支援

エピソード

「回ったー、やったー！」 ──────

　ある幼稚園の年中クラスで見られたエピソードである。このクラスでは保育室内で伝承遊びを行っていた。4歳児のカオリちゃんがひもを使ったコマ回しに挑戦している。カオリちゃんは何度も挑戦しているが、なかなかうまく回すことができない。失敗してはひもをコマに巻きつけ、回すという行動を繰り返していた。その様子を担任保育者はじっと見守っていた。

　カオリちゃんがコマ回しを繰り返しているうちに、ついに弱々しくではあるが回すことができた。それを見た担任保育者は「回ったー、やったー！」と自分のことのように喜びながら、座った状態のままカオリちゃんをお姫さま抱っこのように抱きかかえた。そして回っているコマを指差しながら一緒に眺めていた。カオリちゃんは保育者の腕のなかで満足そうな表情を浮かべていた。

　カオリちゃんは何度も失敗しながらもコマ回しに挑戦し、ついに回すことができた。ここで回しているコマは単に手で軸をつまんで回すコマではなく、ひもを巻きつけたコマを離し、タイミングよくひもを引くという、4歳児にとって難しい遊びである。何度も挑戦しては失敗している様子をじっと見ていた担任保育者は、カオリちゃんの気持ちを十分に理解していたと考えられる。そしてついに回すことに成功したカオリちゃんに対し、一緒に喜びを共有するために抱きかかえるという行動をとり、全身を使って表現したのである。

　まさに理解者としての保育者の姿である。保育者は子どもの気持ち、このエピソードではカオリちゃんがやっとコマを回すことができたという喜びの気持ちにいち早く気づき、自分のことのように喜びを共有する。さらに言葉だけで共感するのではなく、全身を使ってカオリちゃんと共に喜びを共有している。カオリちゃんの表情からも、担任保育者に理解してもらうことによって、ずっとがんばってきたコマ回しが成功した喜びをより深く味わっていることが読み取れる。

2 │ 共同作業者としての保育者

エピソード

一緒に雪に飛び込んで

年中クラスで担任保育者が「お外に行く?」「一緒に行こうよ!」と声をかけている様子が見られた。この日は朝からどっと雪が降り、園庭は雪に埋もれていた。普段であれば子どもと保護者が通るはずの道も、急に降った雪によって消えてしまっている。

担任保育者と数人の4歳児は、雪が積もった園庭に出て行くために身支度をしていく。まず子どもたちが先に外に出て、雪で埋もれた道をイメージしながら園庭にどんどんと歩いていく。それを追うかのように担任保育者はスコップで雪をかき、道をつくっていく。次第に距離は縮まっていき、子どもたちに追いついた。

するとそこへ、もう一人の保育者がやってきた。保育者は子どもたちと共に雪遊びをはじめ、担任保育者も徐々に雪遊びに参加していった。雪遊びはとてもダイナミックで、子どもたちを雪の上に転がしたり、お互いに雪玉をぶつけ合ったりしていた。保育者たちは子どもたちと一緒に雪遊びを心から楽しんでいるようだった。

保育者たちは子どもと同じ視座[*1]で雪という自然物に対し関わっていき、雪遊びを心から楽しんでいる様子が見て取れる。「子ども─保育者」という関係性以上に、共同で一つの自然物に関わっている仲間のように感じられるエピソードである。

保育者は常に子どもの上に立たなければならないものではない。同じ視座に立ち、心を合わせて一緒に何かに向かっていく、そのような共同作業者としての役割ももっている。このエピソードからは、子どもに雪という自然物を体験させたいという担任保育者の意図と、子どもと共に雪に親しみ、対等に雪遊びを楽しんでいる様子が読み取れる。共同作業者としての保育者のあり方は、子どもの理解をさらに深めるとともに、子どもとの関係をより深めることができる。

[*1]
視座とは、ものやことを見る姿勢や立場。

エピソード

ゆっくり、大きく

園庭で4歳児がシャボン玉遊びをはじめた。担任保育者がシャボン玉液とふくらませる道具を持って数人の子どもたちへ渡していく。しばらくシャボン玉遊びが盛り上がり、ふくらませてはシャボン玉が飛んでいく様子にはしゃいでいる子どもたちの様子が見られた。担任保育者は子どもたちと一緒にシャボン玉遊びをしているが、子どもたちのふくらませ方とは違い、ゆっくりと吹き大きなシャボン玉をつくろうとしている。その様子をそばで見ていたミホちゃんが、今まで勢いよく吹きたくさんのシャボン玉をつくっていたやり方を変え、保育者のようにゆっくりと吹き、大きなシャボン玉をつくろうとしはじめた。

　担任保育者がはじめたシャボン玉遊びに4歳児が興味をもち、遊びが盛り上がっている。4歳児は単にシャボン玉をふくらませることに興味をもち、一度に息を吹き多くのシャボン玉をつくることを楽しんでいる様子であった。しかし、担任保育者は何も言うことなく、ゆっくりと息を吹き大きなシャボン玉をつくろうとしていた。その様子を近くにいたミホちゃんはじっと見つめ、自分でも挑戦しはじめた。この時ミホちゃんにとって、担任保育者がつくっていたシャボン玉は自分たちがつくっているものとは違い、非常に興味をもつものであったのだろう。また、自分はまだつくることのできない大きなシャボン玉をつくることのできる保育者に対し、憧れのようなまなざしにも見えた。そして保育者を一生懸命に見ることによって、その憧れの大きなシャボン玉のつくり方を知ろうとしていたと考えられる。このエピソードでは担任保育者がシャボン玉遊びの憧れのモデルとして存在している。

　このエピソードのように、保育者は正しいお手本を示すだけの堅苦しいモデルではなく、「○○先生のようにやってみたい」と子どもたちに思われるような"憧れのモデル"をめざしたい。

　遊び場面だけに限らず、生活の場面においても子どもは保育者をモデルとして真似し、さまざまなものを吸収していく。保育者はその影響力を十分に理解したうえで、子どもたちの前に立ってほしい。

4 | 援助者としての保育者

エピソード

マントをつけかえて ──────────

　年少クラスではヒーローごっこが数人の男の子によって行われている。頭にキャラクターの顔が描かれたお面をかぶり、背中に色つきビニール袋でつくったマントをつけ、そのキャラクターになりきるという遊びである。

　男の子たちは、担任保育者のもとに来てはマントをつけてもらったり、キャラクターの顔が描かれた紙を貼ってもらったりしていた。格好ができあがると、ホールに行き、走り回っている様子が見られた。またひととおり走り回ると保育室に戻ってきて担任保育者から別のキャラクターにしてもらい、ホールに走っていくという遊びを繰り返していた。男の子たちはとても満足そうな表情で、まさにそのキャラクターになりきっている瞬間であった。

　担任保育者は、男の子たちにとって遊びのイメージをより正確なものにするために重要な役割を担っている。3歳児にとってキャラクターになりきるために頭に貼っている紙やマントは非常に大切な意味をもつ。保育者によってキャラクターの顔やマントがリアルな形で男の子たちの体に装着されることで、より具体的にそのキャラクターになりきることができている。そのため強いイメージの継続につながっていると考えられる。つまり、担任保育者は男の子たちのイメージをより具現化させる、まさに遊びの援助者なのである。

　保育者は遊びの援助者であるとともに、生活場面においてもさまざまな場面で援助者としての役割をもっている。たとえば、服の着脱の場面をイメージしてみよう。保育者は一人一人の子どものできる行動を把握し、その時の心情も理解したうえで、適切な範囲で援助を行っている。少しだけ引っ張ってもらえば一人でズボンをはくことができる子どももいれば、ズボンの前後を教えるところから援助しなければならない子どももいる。また、いつもであれば一人でズボンをはくことができる子どもでも、その日はたまたま気分がのらずはこうとしない場合もあるだろう。保育者はその時々の子どもの状態をしっかりと読み取り、適切な援助を選択し子どもに関わっていく。

5 | 心のよりどころ「安全基地」としての保育者

エピソード

保育者の裾をつかむエリカちゃん ─────────

　年少クラスでは、エリカちゃんが担任保育者のエプロンの裾をつかんだまま歩いている。担任保育者はその状態のまま、別の子どもの朝の支度を手伝ったり、製作コーナーで製作を手伝ったりしている。エリカちゃんは周囲の子どもに目は向けるものの、裾をつかんだままの状態から変化することなく担任保育者の後をついていく。

　担任保育者が製作コーナーで折り紙を使って何かをつくりはじめると、その様子をじっと見ていたエリカちゃんがエプロンの裾を離した。担任保育者の横へと移動し、そのつくる様子をのぞき込みはじめたのである。そしてエリカちゃんも担任保育者の真似をして何かをつくりはじめた。

　エプロンの裾をつかみながら動いていたエリカちゃんが、担任保育者の製作コーナーでの行動をきっかけに、つかんでいた裾を離し製作を始めた一場面である。この時、担任保育者の存在は「安全基地*2」として機能していたと言える。安全基地とは、一言でいえば乳幼児が恐れや危険を感じた際に避難する安全な場所である（図5－1）。

　エリカちゃんははじめ自分で遊びを見つけることが難しく、エプロンの裾

*2　安全基地
　イギリスの児童精神医学者ボウルビィ（Bowlby）のアタッチメント（愛着）理論と非常に関係する概念である。母親など特定の人物が子どもの安全基地（secure base）の役割を果たすとされる[3]。子どもは安全基地を安心感のよりどころとして探索活動を行い、アタッチメント行動が活性化すると安全基地に戻るという往復運動をみせることがある[4]。

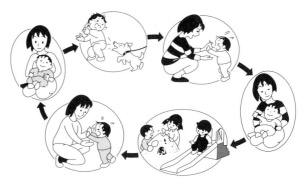

図5－1　アタッチメント理論における安全基地の役割
出典：初塚眞喜子「愛着と自立」『シードブック乳児保育［第3版］』建
　　　帛社　2010年　p.36

をつかむことによって担任保育者の後について、保育室内を歩き周囲の状況を見て回っていた。そうしたなか、担任保育者がはじめた折り紙の製作に興味をもち、一緒にはじめている。担任保育者がエリカちゃんにとって安全基地として存在することによってエリカちゃんは折り紙という新しい遊びに対して踏み出すことができたのだろう。つまり保育者が安全基地として存在することで、子どもは安心して新たな刺激（遊び）に対して積極的にかかわることができる。

これまで見てきたエピソードからわかるように、子どもとのかかわりにおいて保育者にはさまざまな役割がある。以上の5つの役割は代表的なものであり、もちろんすべてではない。保育者は子どもと関わりながら、さまざまな役割を持ち日々の保育を展開している。

第2節 保護者との関わり ―子育て支援―

保育者の仕事として、保護者との関わりは大きな意味をもっている。保育所保育指針では、第4章として「子育て支援」について取り扱っている。そのなかで保育所を利用している保護者に対する子育て支援と、地域の保護者等に対する子育て支援に分け、それぞれ明記している。つまり、保育所の利用に関わらず保護者への子育て支援を行っていくことが保育者の職務であるといえる。また、幼稚園教育要領（第3章）では「幼稚園と家庭が一体となって幼児と関わる取組を進め、地域における幼児期の教育のセンターとしての役割を果たすよう努めるものとする」と述べられている。

近年、家族形態が多様化しさまざまな保護者とのかかわりが求められるようになった。たとえば中坪・小川ら（2010）による研究では、高学歴・高齢出産の母親との関わりにおいて、さまざまな葛藤をしつつも、母親との関係性を築き、母親支援を行っている様子が報告されている[5]。一方で新任保育者と同年代の若年の母親もいる。いずれの場合も保育者は子どもに対する保育を充実させるために、保護者との関わりについても良好な関係性を形成していく必要がある。

保育現場において最も保護者との関わりが見られるのは、朝の受け入れ場面においてである。以下は3人の保育者の受け入れ場面のエピソードである。

受け入れの際の保護者と子どもとの関わり ────

　１人目は子どもと保護者が登園してくると、
「おはようございます」のあいさつと共に自然な
形で座る。それはちょうど保育者の視線が子ども
の視線と同じ高さになっていた。その後保護者と
話をする時は立ち上がり、保護者と同じ目の高さ
になって話をしていた。

　２人目は、登園してきた子どもに触れている場面がよく見られた。それはたと
えば子どもの頭に軽く手をのせたり、肩に手を置いたり、背中に手を当て保育室
の方向に押してあげたりと自然な流れの中で行われていた。

　３人目は子どもたちを保護者から受け入れる際、保護者に対して子どもの言葉
を代弁するように「いってらっしゃい」と声をかけていた。

　それぞれの保育者がさまざまな受け入れ方で子どもだけでなく保護者に対
しても関わりをもっていることがわかる。なにげない毎朝の一連の動きに見
えるが、よく見てみるとそれぞれの保育者がさまざまな形で非常に丁寧にか
かわっている。日常的に保護者との関わりを積み重ねることによって「保育
者―保護者」の信頼関係は形成されていく。

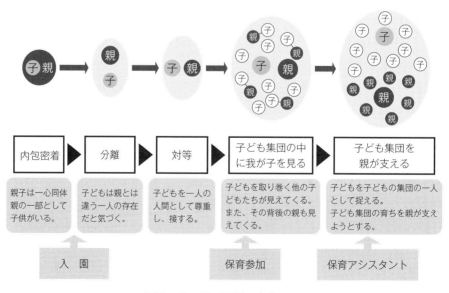

図５-２　親子関係の変容過程

出典：友定啓子『もう一つの子育て支援　保護者サポートシステム』フレーベル館　2004年

　保護者支援は、保護者をただ支えるのではない。保育者と共に保護者が子育てと向き合うことによって、保護者自身が変容していく面ももっている。

　図5－2は、親子の関係がどのように変容していくかについて図にしたものである。入園前と入園後で何が変わっているだろうか。

　初めは親子が一体となっており、子どもが親の一部となっている（図5－2の一番左）。それが徐々に子どもが親とは異なる「一人の存在」であり、対等であることに気づいていく。やがて自分の子どもだけでなく、「子ども集団としての存在」としてとらえるようになると、単に子どもを預ける保護者の立場から、保育をサポートする立場へと成長していくようになる。

　子どもにとっても、保護者にとっても最も良い環境を構築するためには、保育者はさまざまなサポートをしていかなければならない。しかし、どんな良いアイデアがあっても、保護者との間に信頼関係ができていなければ何もはじまらないのである。エピソードで紹介した朝の受け入れ場面での関わりのように、日常的ないつもの出来事に対しても、一つ一つ丁寧に関わっていくことが保護者との関わりのすべてのはじまりであると言える。

第3節 地域との関わり

1 ｜ 園の外のつながりに目を向ける

　地域との関わりも保育者の大切な役目である。幼稚園教育要領は、「幼児の生活は、家庭を基盤として地域社会を通じて次第に広がりをもつものであることに留意し、家庭との連携を十分に図るなど、幼稚園における生活が家庭や地域社会と連続性を保ちつつ展開されるようにするものとする」としている。保育所保育指針解説においても、「子育て家庭や地域社会に対しその役割を果たしていくことは、社会的使命であり、責任でもある」[6]と述べられている。保育者には家庭のみならず、地域とのかかわりを形成していく責任があると言える。

　ここで、全国保育協議会が示している、保育所と地域とのつながりの全体図を紹介したい（図5－3）。図を見ると、保育所は園の外にもたくさんの関わりをもっていることがわかる。

　保育所や幼稚園は地域のなかの一部であるとの考え方に立ち、小伊藤・室﨑（2009）は次の3つの視点を示している。「第一は、子どもにも大人にも居心地のよい近隣の生活と近隣空間が豊かにあること、第二は、適切なまと

図5−3　保育所と地域とのつながりについて

出典：全国保育協議会ホームページ資料をもとに作成
　　　（http://www.zenhokyo.gr.jp/ninka/ninka07/ninka07.htm）

まりある生活圏と、地域の行事や祭り、共同の取り組みなどができる共同体的人間関係が構築される仕組みがあること、そして第三に、子ども自身が発達する力を育む環境をつくりだすこと」[7]である。

2 | 地域の実状をよく把握する

地域との関わりにおいても、大切なことは日頃から信頼関係を築く努力をすることである。周囲へのあいさつや連絡など日常の一つ一つを丁寧に行っていきたい。

そして地域と一言でいっても、都市圏と地方では事情が異なっている。都市圏では子どもたちはより広い範囲の場所から一つの園に通う場合もあり、住んでいる地域状況が多様になっている。一方、地方では一つの保育所に周囲に住んでいる子どもたちが全員通っているということもめずらしくない。

このように園の周囲の状況だけではなく、子どもたちの住んでいる地域の状況等も把握することで保育者の関わり方も変わってくる。日常的に自分が住んでいる地域の特色、子どもたちの住んでいる地域の状況、保護者の状況などを把握しておくことが大切である。

●引用文献●
1）文部科学省『幼稚園教育要領』フレーベル館　2017年
2）文部科学省『幼稚園教育要領解説』フレーベル館　2018年
3）岡田正章・千羽喜代子他編『現代保育用語辞典』フレーベル館　1997年
4）初塚眞喜子『アタッチメント（愛着）理論から考える保育所保育のあり方』相愛大学人間発達学研究　2010年
5）中坪史典・小川晶・諏訪きぬ「高学歴・高齢出産の母親支援における保育士の感情労働のプロセス」『乳幼児教育学研究』(19)　2010年
6）厚生労働省『保育所保育指針解説』フレーベル館　2018年
7）小伊藤亜希子・室﨑生子『子どもが育つ生活空間をつくる』かもがわ出版　2009年

●参考文献●
文部科学省『幼稚園教育要領』フレーベル館　2017年
厚生労働省『保育所保育指針』フレーベル館　2017年
近藤幹生著『保育とは何か』岩波新書　2014年
森川紅著『保育の楽しみ方がわかる本　子どもの〈気づき〉を活かす保育のすばらしさ』ひかりのくに　2012年
無藤隆監、福元真由美編『事例で学ぶ保育内容　領域環境』萌文書林　2007年
柴崎正行編『子どもが育つ保育環境づくり　園内研修で保育を見直そう』学研教育みらい　2013年

Column ⑤

たかがⅡプロン！　されどⅡプロン！

飯坂恵泉幼稚園園長　舟山千賀子

【エプロンはたくさんの意味をもっている】

　保育者が常に身につけることの多いエプロン。たんなる汚れ防止でもあり、おしゃれグッズのひとつでもあり、たくさんの意味をもったエプロンをできるだけ有効に活用したいものです。

　以前、そもそもエプロンはいつ頃からあったのだろうと調べたことがありました。エプロンの歴史は意外なほど古くからあって、日本では前掛けのようなものを弥生時代から利用していたのではないかとも言われているようです。海外ではもっと古くから人が身につけるものとして、その時代の人と人の間に存在して文化をつくってきたようです。

【子どもが安心できるエプロンとは】

　人と人の間にあったものならば、保育者と子どもの間でなんとしても活躍してほしいといろいろ試してみました。

　子どもの背丈を考えて、子どもから一番見えるところがエプロンのどの部分なのかを確認しながら、いろいろなデザインのエプロンを試してみると、キャラクターが大きく派手に描かれているエプロンは意外に保育効果がないと感じました。なぜなら、子どもに見えるものは、キャラクターばかりで、そのエプロンを身につけている  私に視線も興味も届きにくいと感じたからです。一瞬の興味を引く力は大いにあるものの、毎日そばにいるものとして求められる安心感・安定感への有効性は薄いと感じました（脳に刺激が強すぎる感じがしました）。

　子どもが安心して安定した関わりができることを望むならば、子どもと自分の間に邪魔にならない、子どもの脳にやさしい無地か淡いチェックが効果的という結果も体験することができました（刺激が少ない色と柄）。

　子どもとの暮らしや行事に合わせて、保育者が環境の一部として必要なエプロン、効果的なエプロン、保育の邪魔にならないエプロンなどを理解して使い分けすることは子どもへの礼儀のひとつのように思っています。

第6章 一人一人のニーズに応じた援助

第1節 気になる子どもへの関わり

　保育の現場で気になる子ども、配慮を必要とする子どもという言葉が聞かれるようになった。気になる子どもと聞いて、みなさんはどのような子どもを思い浮かべるであろうか。実は、保育者のとらえ方もさまざまである。第1節では、気になる子どもと保育者のエピソードを例に考えてみたい。

エピソード

赤とまれ青すすめ ───────────────

　3歳児入園のアイちゃんは、入園前のプレイルーム時に、みんなと同じことができない、座っていられない姿が見られた。入園後、独り言のように「赤とまれ青すすめ」とつぶやいていたアイちゃん。保育者が注意して聞いていると、不安が強い時に「赤とまれ青すすめ」が聞こえてくる。園生活の中で、座る時、立ち歩いてよい時、並ぶ時の区別ができない。入園当初、並ぶことが難しい3歳児は他にもいた。そこで保育者は、「並ぶ」がイメージできるように絵カードを作成した。さらに、アイちゃんの好きな「赤とまれ青すすめ」のゲームを考えた。赤・青のカードを作り、「とまれ」「すすめ」の言葉と色を一致させて遊ぶのである。2学期後半、赤・青に加え、「黄色は戻る」がゲームに加わった。保育者が発する「ダメ！」「違う」という禁止言葉の代わりに、赤とまれ・青すすめゲームは子どもたちの行動の理解と笑顔につながっていった。

　このエピソードは、経験年数が10年以上になる保育者の実践例である。みなさんはこの事例をどうとらえただろうか。入園までを家庭で過ごした事例の3歳児はそれまで「並ぶ」という経験をせず、集団に入った。集団のなか

で初めて「並ぶ」を経験する場合もある。並ぶ経験がないため「並ぶ」イメージができない。保育者が気になる子どもの姿は、たとえば集団で子どもが一斉に動く時に現れているのではないだろうか。この実践例は、子どもを一斉に動かす場面で「子どもが困っている気持ち」に、保育者自身が気づくプロセスを示している。「並ぶ意味がわからない」、「並ぶことが楽しくない」その気持ちを出発点とし、遊びでどのように支援していくかを子どもと共に模索している。やがて、「並ぶ」と楽しいことがある、「並ぶ」と必ず遊ぶ順番がくることを保育者や友だちと一緒に経験することで「並ぶ」ことの先にあるうれしい気持ちを学んでいく。気になっていた行動が少しずつ変化していく。気になる子どもと共に活動する保育のヒントは日々の生活や遊びのなかにある。

　集団生活のなかで気になる子どもを前にするとその行動に着目してしまいがちだが、その子どもの心がどのような気持ちなのか、エピソードの保育者のように子どもの心の育ちに共に付き合っていくことで保育者もまた育っていくといえよう。

1 ｜ 気になる子どもとは

　みなさんは、「気になる子ども」と聞いてどのような子どもを思い浮かべるであろうか。「気になる子ども」についての先行研究は多々あるが、明確な定義はない。美馬（2012）は、気になる子どもに対する保育者のとらえ方の変化により保育を支援するポイントが変わってくると示している。さらに、気になる子どもを子ども個人としての問題とだけとらえるのではなく、関係性や環境など複数の視点から注意深く観察していくことが子ども理解に必要ではないかと述べている[1]。

　野村（2018）は、「気になる子」を保育研究の歴史的変遷から諸説を例に見つめている。「気になる子」とは、多義的要素があるが、野村は子どもの姿から、大きな発達の遅れは見られず、障害児として加配対象とはなっていないが集団の中で何らかの不適応を起こす子どもをさすことが多いと述べている。さらに近年の社会情勢から虐待や貧困、長時間労働の常態化による生活リズムの乱れなど子育て家庭の経済的・時間的余裕のなさ、生活基盤の脆弱さが子育てに与える影響にもふれている。その上で、今日的課題をあげ、魅力的な保育内容、教材の検討をあげ、すべての子どもが互いを認め合える関係性、価値観の構築を保育の中に作りだしていくことをあげている[2]。

　では、現場の保育者は、「気になる子」のどのような姿に悩み保育実践を

行っているのだろう。

　ある研修会で現役保育者に「気になる子ども」と保育者の悩みについてディスカッションを試みたところ、以下のような記載があった。

・行動に関すること
　　（叩く、物を投げる、叫ぶ、落ち着かない、先生が嫌がることをわざとする、切り
　　替えが難しい）
・感情や表情に関すること
　　（怒る、泣く、パニックになる、イライラしている、衝動的、元気がない）
・言語に関すること
　　（一方的に話す、言葉でのコミュニケーションが難しい、言葉の理解が難しい）
・保護者対応、連携の難しさ

（多様な子どもとの関わりに関する研修より筆者作成）

　気になる子どもといってもさまざまである。勤務経験の浅い保育者、ベテラン保育者では、子どもの行動を観る視点もとらえ方も異なる場合もある。上記のディスカッション時に、気になる子どもの行動は、見る人の感覚・視点・経験などで変化すると意見が出ていた。「気になる」と感じている「行動」について、クラス運営などの経験の浅い保育者の意見が多く、子どもの背景を理解し経験を積んだ保育者は、子どもの「行動」を「気にならない」と語る保育者もいた。「気になる子ども」をどうとらえるかは、子どもを観察し、子どもをとりまく環境を把握し、複数の視点から子どもの心を理解していくプロセスが必要であろう。

　また、「気になる子ども」の行動は、自分の保育を振り返る機会ともなる。たとえば集団の中で全員に向けて話をする際に、発達が気になる子どもには、個別にその子が理解しやすい方法で伝えることで一緒に活動ができることもある。集団適応が気になる子どもには、ゆとりのある時間枠で子どもの反応を見て、保育者の対応を見直していく方法も考えられる。若手、ベテラン保育者共にディスカッションでは保護者対応、連携の難しさをあげているが、安易に集団行動の難しさを保護者に伝えるのではなく、その子の困り感、親の困り感にどう寄り添うかが鍵となる。当事者意識をもち、保護者と同じ視座で子どもの今を見つめ「伝える」専門性が保育者には求められているのではないだろうか。

2 │ 難しいことをやさしく、おもしろく、深く伝える

　田中（2014）は、自閉症児を例に「その人の出来なさ」に着目するか「その人の関わりの問題」にするかによって視点が変わると述べている。発達障害である前に一人の子どもであるという前提で、その特性をもちながら、豊かに生き続ける作戦を考えていくことの重要性を語る[3]。保育の現場では、気になる子どもは、障害があるかないかという医学的診断の視点のみが重要なのではない。気になる子どもは、何か困っていることを抱えた子どもであると認識し、どこにつまづいているのかを見極め、具体的な方策を試行錯誤する必要があると田中も述べている[4]。

　保育者は、気になるイコール障害があると決めつけてはいけない。保育者が気になると感じる子どもの行動が、一時的な環境やものの変化、ささいなことで起こる場合もある。「並ぶ」ことが難しかった子どもの事例では、保育者が子どもの背景を把握し、子どもの行動、気持ちを理解することによって働きかけを工夫した。その工夫は、並ぶという難しい行動を、絵カードでやさしく、ゲームでおもしろく伝えている。そして保育者が一緒に遊びのなかに入ることで、友だちや保育者と一緒に集団で活動する遊びの喜びを味わい、「共感」の芽生えへと深く導かれていく。保育者の仕事とは、難しいことをやさしく、やさしいことをおもしろく、おもしろいことを深く伝える仕事だと筆者は考えている。難しいことは子どもだけではない。日々の保育の中で出会う困難な出来事には、保育者も子どももアイディアで工夫する保育場面に共に育つヒントが隠されている。

　このアイディアは毎日、園で子どもを見ているからこそ、生まれる、専門性であるに違いない。

3 │ 特別な配慮を必要とする子どもへの指導

　2017年告示版、幼稚園教育要領、保育所保育指針、幼保連携型認定こども園教育・保育要領の３歳児以上の「ねらい及び内容」をはじめ、幼児教育に関する記載がおおむね共通化された。「幼児教育」を共通にとらえようとする視点である。幼稚園教育要領の改訂のポイントがいくつかあるなかで、幼稚園における「特別な支援」については、児童福祉施設として、障害のある子を積極的に受け入れてきた保育所と同様に、幼稚園も障害のある子どもをはじめ、配慮が必要な子どもやコミュニケーションに困り感を抱える外国籍の子ども受け入れ、その子どもに合わせた支援を行っていくために、園全体

で配慮し、専門機関との連携、保護者とともに個別支援計画を作成し支援する環境を整える重要性が記されている。以下にその一部を抜粋する[5]。

幼稚園教育要領　第1章総則　第5　特別な配慮を必要とする幼児への指導

1　障害のある幼児などへの指導

　障害のある幼児などへの指導に当たっては、集団の中で生活することを通して全体的な発達を促していくことに配慮し、特別支援学校などの助言又は援助を活用しつつ、個々の幼児の障害の状態などに応じた指導内容や指導方法の工夫を組織的かつ計画的に行なうものとする。また、家庭、地域及び医療や福祉、保健等の業務を行う関係機関との連携を図り、長期的な視点で幼児への教育的支援を行うために、個別の教育支援計画を作成し活用することに努めるとともに、個々の幼児の実態を的確に把握し、個別の指導計画を作成し活用することに努めるものとする。

2　海外から帰国した幼児や生活に必要な日本語の習得に困難のある幼児の幼稚園生活への適応

　海外から帰国した幼児や生活に必要な日本語の習得に困難のある幼児については、安心して自己を発揮できるよう配慮するなど個々の幼児の実態に応じ、指導内容や指導方法の工夫を組織的かつ計画的に行うものとする。

　ある保育現場では、生まれた国、育った環境が違う文化、言語をもつ多様な子どもが一緒に遊び生活をする経験から園行事にも工夫がされていた。さらに、人的環境として、日本語以外の言語で保護者対応ができる体制をつくり、園児の保護者同士で保護者へのアシストをするなど連携する試みもあった。国際社会を生きる子どもらには、多様性に配慮する周囲の大人の関わり方もまた、手本となり意味あることである。

　園生活に困り感を抱える多様な子どもやその保護者にどう寄り添うかは、一人一人のニーズの把握が重要である。そして園全体で、どの子も尊重され、気持ちよく過ごせる場として、保育者・保護者との連携を通し、保育者もまた学びあい育ちあい支えあえる人的環境となっていくであろう。

4 ｜ つなげる保育者の専門性

　子どもの健やかな育ちを家庭や地域社会と協力して支援するためには、各家庭、保護者とどうつながっていくことが必要なのかを考えてみたい。

　その手がかりの一つとして、気になる子どもを抱えたあるお母さんの手紙を紹介したい。

エピソード

「保育者になる人へのメッセージ（あるお母さんの手紙から）」―――――

　問題の程度にもよるとは思うのですが、障害や困り感のある子をもつ親として、私がうれしかったことをこの手紙で伝えます。

　気になる子どもを抱えた親は、事実にもとづいた具体的な困り感の指摘を、親が受け入れるまでに時間がかかる場合もあると思うのです。ですから、すぐに受け入れてないようでも「ダメな親だ」と判断せず、受容できるまでつかず離れずの距離感で待っていていただいたことが、「有り難いな」と、私の場合は一番に思います。

　「軽度」ならば、親はどこかで「変わっているな。育てづらいな」と感じつつも、「まさか自分の子に障害があるとは」と、思っていなかったり、単純に発達障害という言葉を知らなかったり、知識がないほどに「障害」という言葉に先が見えなくなり不安が募るので簡単に受け入れたくないですよね。勉強して正しい知識がついて初めて受け入れられると言うか……。

　いわゆる「グレイゾーン」といわれる子も含めて、「障害がある」と言われたら、その特性とは長いつき合いになるので、最初に「お母さんの気持ちはわかります」とか表面上の慰めをされるよりも、困った時に、その都度相談させていただける環境だと、本当に「一緒に支えてくれている」と安心感が生まれます。そして子どもの様子をきちんと先生も見てくれているとわかれば、より信頼感が生まれると思います。

　わが家のケースもそうですが、主人や両親も「障害」と言うと最初は理解してくれず、母親の育て方が悪いと逆に責められたり、意外と母親は孤独だったりするのです。私は、園の先生と連携が取れて、一緒に支援してもらえることが唯一、心の拠り所になっていました。指摘され、診断された後の道のりのほうが長いので、小さなことでも一緒に悩み考えてくれる人の存在は大きいと思います。

　まだ事実を受け入れられない時に、「お子さんのことを一番に考えて」の言葉も、私には逆に苦しかったですね。「私だって考えているよ！」と思っていました。障害と診断されたら「子どもの未来が狭まるのではないか？」とか、「将来の選択肢が決まってしまうのではないか？」と不安になります。「でも親のエゴかな……」と葛藤がありました。臨床発達心理士のF先生との約束を取りつけた後、怖くなってキャンセルしたり、あの時は自分の気持ちが行ったり来たりで一番苦しかった時期かもしれないですね。

　今思えば、予約を取りつけるのがどれだけ大変かわかるので、F先生にもM先生にも大変申し訳なかったなと思うばかりですが。そういう迷惑をかける私も丸ごと先生は拒絶しなかったし、私が踏み出せるまでのきっかけをつくって下さり、踏み出した時には全面的にバックアップしてくれたので、なかなかそんな先生はいないと思っています。

　手紙には、気になる子どもを抱えた母の葛藤がつづられている。Bちゃんの母は、育てづらさを抱えながら子どもと向き合ってきた。3歳児健診で療育をすすめられ、療育で傷つき、園に入園してきた。母の思いと、子どもの困り感の理解が園全体で必要であった。

　しかし、園では初めからこの親子を理解できたわけではない。Bちゃんの行動がなぜ集団のなかで現れるのか、保育者は自問自答を繰り返した。担当者だけでなく園全体で、入園に至るまでの母親の苦しみや困り感が出せるよう話しやすい環境を整える必要があった。子どもが集団のなかで何に困っているか、親と保育者が理解できるよう専門家による保育見学を依頼した。保護者相談日を設け、職員研修を開いた。園は保育内容を含め園行事の再検討を行い人的・物的保育環境の見直しは友人関係、地域、専門家から医師へとつながり、関係性の再考は徐々に広がっていった。

　井桁（2014）は、「本当の専門性とは、他者と比べず、その子どもの特性を見極め、尊厳をもってかかわりながらアシストしていくこと」[6]と記している。お母さんの手紙にもあるように、「つながり」は、つかず離れずの距離で子どもの今を理解し、親を待ち未来に希望をもつことである。親子が卒園後生活するのは地域である。地域で自立するために、親子の気持ちを理解し、情報共有を基本とした。専門家の来園は他児も含めた保育のあり方を見直す機会となった。園全体が子どもの困り感に心から寄り添い具体的環境構成を学ぶ必要性があったといえる。

　生活のなかの小さな困り感を見過ごさないことの大切さを、Bちゃん親子は教えてくれた。最初にも述べたが、保育者の専門性は、「気になる子ども」イコール「障害があるかないか」という医学的診断の視点にあるのではない。今ここにいる子どもが気になる行動を現している場合、何か困っていることを抱えた子どもであること、その事実を保育者は身近に理解できる存在であることがまず大事なのである。そのうえで専門的な知識と具体的な対応策を専門家から学び、誰とつながり、誰と誰をつなげていくことが子どもと親の幸せにつながるかを家族と一緒に考え、温かい安心できる環境をつくること、これこそが保育者の専門性であると考える。

第2節 障害のある子どもへの関わり

　ある保育所の保育方針に「一人一人の気持ちに寄り添い、子ども・保護者・保育者・地域が互いのちがいに気づき、共に育ち合う保育」と掲げられてい

＊1 インクルージョン
　インクルージョンは、包括、包含と訳される。ソーシャルインクルージョンは、すべての人々を社会の構成員として包み込み、支え合う社会をめざすことである。インクルーシブな視点や考え方は、1994年の「サマランカ宣言」や「障害者の権利に関する条約」に示されており、世界的な潮流となりつつある。

た。これこそまさにインクルージョン＊1の考えに基づいたインクルーシブ保育＊2であり、インクルージョンを広義にとらえた、共生社会の実現に向けたソーシャルインクルージョンの考え方である。

1 ｜ 障害のある子どもへの支援

　保育現場では、クラスの運営だけでなく、子どもたち一人一人に応じた援助・支援が求められている。障害のある子どもの支援にはとくに慎重に、時に工夫と配慮を繰り返しながら保育を組み立てている。

　はたして、保育現場において障害の診断の有無はどのぐらい必要となるのだろうか。もちろん子どもの理解を深めるためには、必要な場合もあるだろう。「障害がある」と診断を受けたことが、保育者の保育の強みを引き出すのであれば否定はしない。

　しかし、もともと顔も身体も心も違う私たちだからこそ、傷つけることもあるが、それぞれが違うからこそお互いのことを高め合い、豊かに磨き合う

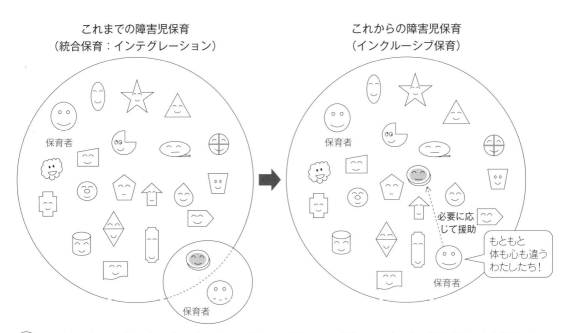

これまでの障害児保育
（統合保育：インテグレーション）

これからの障害児保育
（インクルーシブ保育）

😊は、障害のある子ども、もしくは、気になる子ども。そのほかの形はクラスの子どもたち。保育者は、「加配」として個別に常時寄り添う。障害のある子ども等が、クラスの子どもたちと同じ空間にいながらも加配の保育者と個別の時間が多く、いかに統合するかが課題であった。

同じ一つの空間で、一人一人の個性や違いを分け隔てなく認め合い、お互いに刺激し共に育ちあうのがインクルーシブ保育である。障害のある子どもや気になる子どもに「加配」という形で個別に援助していた保育者が、対象となる子どもを意識しながら、その子どもだけでなく全体を見るようにし必要に応じて援助を行っている。

図6-1　インクルーシブ保育のイメージ図

ことができるのではないだろうか。子どもたちをなんらかの理由で分け隔てることなく、違いや発達の差に気づいた時から支援を工夫する、PDCAサイクルを繰り返す調節機能こそ保育者の専門性の一つであると言える。日々の保育は、子どもの姿、興味・関心に合わせて保育を組み立てている。一人一人の援助は、それぞれの子どもに合った声をかける。男の子・女の子、多国籍・異文化の子ども、体調を崩しやすい子ども、活発な子ども、おとなしい子ども、障害のある子ども、診断は受けていないが個別なニーズを必要とする子ども……。さまざまな違いを個性として受け入れる保育施設と保育者がいて、そこで保育を受けた子どもたちが、社会に出てから違いを個性として伝え、社会全体がインクルーシブな視点となることを願いたい。

このような視点は、私たち保育者が子どもたちに向けて環境を通して援助する（教える）のではなく、子どもたち自ら感じ取り気づきを得ているのである。そして、子どもが"ちがい"に気づいた時、保育者の適切な言葉がけにより、学びにつながっていく。

このようにもともとみんなが違い、みんなが同じところで保育を受けることで互いが刺激を受け、相互作用や双方向の関わりをもって、身体的・情緒的発達の相乗効果を生み、多様な価値観の基礎を培う。そこに保育者が年齢や発達、興味・関心に応じた保育を行うことでより発展的な作用をもたらすことが期待できる。

2 障害のある子どもの保護者への支援

保育者は、子どもへの日常の保育・幼児教育だけでなく家庭との連続的な生活の一部を担っているということを考えると、保護者との連携は欠かすことができない。とくに障害のある子どもの保護者にとって、子どもを集団で生活させることや保護者から離れて過ごさせることには不安がある。さらに、子どもの年齢や障害であることへの受容、理解によって適切な働きかけをしなければ、両輪のごとく協働できず、関係がこじれ、子どもの最善の利益にはつながっていかない。

このような例は決して少なくない。母親にとって、保育者は、子どものことも保護者の気持ちもわかってくれる良き理解者だと信頼を寄せている。子ども一人の育ちを考えた時、報告・連絡・相談・確認と口にするのは簡単なことであるが、パッチワークのようなつぎはぎの関係ではなく、きめこまやかな支援のネットワークづくりが必要である。

*2 インクルーシブ保育（教育）
インクルーシブは包摂（包み込むこと）を意味する。インクルーシブ保育といえば、障害の有無などにかかわらず、能力にもかかわらず一人も排除することなくすべての子どもの育ち合いを大切にする保育をさす。

＊3
　並行通園とは、障害のある幼児が保育所・幼稚園に入所しながら、別の専門機関で療育を受ける形態をさす。このエピソードの場合、福祉型児童発達支援センターに入所し、療育を受けながら、幼稚園に行く形態である。

エピソード

「新しい環境への移行」

　福祉型児童発達支援センターに通うリエちゃん（5歳）は、来年度から小学校に入学することになる。そのため、新年度より地域の公立幼稚園に並行通園＊3することとなった。リエちゃんは、新しい友だちができることを楽しみにしている。だが、母親はリエの特性について担任の先生は理解してくれているか、補聴器をしているリエにほかの子どもたちが驚かないか、ほかの保護者から理解され受け入れられるのかなど心配でならなかった。年度末から福祉型児童発達支援センターの担任の保育者と公立幼稚園の担任の先生と母親が連絡を取り合い、綿密に引き継ぎを行い、徐々に保護者の不安は軽減した。しかし、4月に入るとそれぞれの担任者が異動となってしまったため、保護者の不安は不満となり、定期的な並行通園へと結びつかなかった。

　このエピソードの場合、人事異動という事実は、せっかく築き上げてきた信頼関係の構築を疑いのまなざしや不安、不満へ転じさせることとなる。担任の保育者だけでなく、チームまたは園全体で子どもを受け入れる準備をしていることが伝わるよう、常に情報共有しながら支援を進めていくことが必要だと考える。具体的には、園長ならびに主任の保育者など複数の保育者が保護者との話し合いに出席し、顔の見える連携を図ることである。

第3節　要保護児童への関わり

　「要保護児童」とは児童福祉法6条の3によると、「保護者のない児童又は保護者に監護させることが不適当であると認められる児童」と定義されている。また、保護するまでには至らないが、「要支援児童」として「保護者の養育を支援することが特に必要と認められる児童若しくは保護者に監護させることが不適当であると認められる児童」と定めている。

　現代社会において、子どもの貧困や児童虐待の問題を耳にするようになって久しい。経済面の不安定さや都市化・過疎化による子育ての孤立化の問題、家庭機能の脆弱・崩壊など、その原因は複雑で、重層的にからみ合っている。そのことにより、子どもと家庭が大きな影響を受けている。このことは、保育現場にも要保護児童や要支援児童（以下、要保護児童等とする）がいる可能性を示唆している。

1 │ 保育所・幼稚園における要保護児童等への支援

保育者の一日の始まり、子どもとの直接的関わりには登園と同時に "視診" と言われる健康観察がある。なにげない朝の1シーンではあるが、この視診こそ保育者が子どもの様子を観察する重要な役割をもっている。保護者との分離時の様子、表情、服装、前日との違いなど、多くの確認事項があり、そこから子どもの変化や保護者の変化に気づくことになる。登園時のエピソードを見てみよう。

エピソード

「登園時の視診」

　Z保育園では、毎朝の登園準備は保護者と一緒にすることになっている。5月の連休明けのある日、年長児のアミちゃんが登園してきたため、担任の保育者が元気よく声をかけた。しかしアミちゃんはうつむいたままでどこか元気がない。一緒に準備するはずのお母さんは、憔悴しきった様子で保育室に入ることなく保育園を後にした。担任保育者が声をかけたが、会釈だけしてすぐにいってしまった。

　アミちゃんはいつも明るく、休み明けには家での様子を話してくれるが、この日は何も言わずしんどそうな表情だったため、担任保育者は検温をすることにした。熱はなかったが、検温した時に、腕に少しのアザがあることに気がつき、主任保育者と園長に報告した。その後、虐待の疑いが考えられたため、虐待は早期発見のチェックリストを確認し、念のため管轄する市に報告し、児童相談所に通告*4することとなった。

*4　虐待の通告義務
児童虐待の防止等に関する法律6条
　「児童虐待を受けたと思われる児童を発見した者は、速やかに、これを市町村、都道府県の設置する福祉事務所若しくは児童相談所又は児童委員を介して市町村、都道府県の設置する福祉事務所若しくは児童相談所に通告しなければならない。」

　このように、朝の視診により子どもの様子や保護者の様子に変化があることに気づき、不適切な関わりや児童虐待の早期発見へとつながることがある。子ども・保護者から出ているわずかなシグナルを見逃してはならない。

　昨今の少子化対策による子育て支援や幼児教育・保育の無償化の社会では、乳幼児の多くがいずれかの保育施設で生活することが想定される。保育者は、家庭的かつ集団の社会性を養う機能、幼児教育施設としての役割をもつ必要がある。着替えや検温の時にごく自然に子どもの身体をみることがあり、身体的な変化や情緒的な変化に気づく機会は多い。「私の園にはそのような子どもや家族はいない」「うちの園で児童虐待が起こる家庭はいない」と決めつけるのではなく、どの保護者にも就労状況や育児疲れなどによっては不適切な関わりになるおそれがあるかもしれないという視点で丁寧に視診と観察をしていく。ちょっとした変化をとらえることが、児童虐待の未然予防や防

止にもつながるのである。

　このことを踏まえ、保護者支援や家庭との連携には、児童票などから家庭状況の変化や保護者の就労状況、引っ越し等による子育ての孤立などに注視して行うことが求められる。

　また保育施設に通うのは、家庭から通う子どもだけではない。乳児院や児童養護施設や母子生活支援施設、里親家庭といった入所施設からの保育施設の利用もある。あるいは入所施設から地域へ復帰した後の保育施設利用も行われる。そのため、保育者は目の前にいる子どもや家庭だけでなく、広く地域の子どもと子育ての現状について意識し、地域共生社会の視点をもつ必要がある。

2 ｜ 保育所以外の児童福祉施設における保育者の関わり

　要保護児童の対象は、4万5千人でこのうち約4万人が、乳児院、児童養護施設、母子生活支援施設等で生活している。これらの施設は入所型で社会福祉法にある第1種社会福祉事業[*5]である。すなわち入所する子どもたちは24時間365日、衣食住を施設で行い、そこから保育施設や学校に通うこととなる。生活日課の一例をみてみよう（表6-1）。

　保育者をめざすあなたは、児童（子ども）とは何歳までをさすかわかっているはずであろう。そう、18歳未満である。多くの保育士養成カリキュラムでは、0歳から就学前に関する授業が中心となる。しかし、施設で働く保育者には、0歳から18歳、さらには退所後支援（アフターケア）[*6]も役割として位置づけられているので、永続的でライフサイクルを見通した支援が求められる。

*5　第1種社会福祉事業
　社会福祉法において社会福祉事業は、第1種社会福祉事業と第2種社会福祉事業に分けられている。第1種社会福祉事業は、児童養護施設に規定する児童養護施設などの入所型の施設をさし、第2種社会福祉事業は、児童福祉法に規定する保育所などの通所型の施設のことを表す。

*6　アフターケア
　児童養護施設等で行われる施設退所後（家庭復帰、社会自立など）の継続した支援体制である。平成16年の児童福祉法改正で、児童養護施設の自立支援の取り組みの充実として施設の業務に、退所者への相談支援が規定された。施設入所中からの自立支援や、退所後の相談支援などのアフターケアの体制を整えている。

表6-1　入所施設の生活の例

時間	6	7	8	9	10	11	12	13	14	15	16	17	18	19	20	21	22	23	
乳児院	睡眠	起床・身支度	朝食	登園	院内保育・保育施設					帰園		夕食	入浴 自由時間			就寝・授乳			※月齢や発達によって、睡眠・離乳食など進めている
児童養護施設	睡眠	起床・身支度	朝食	登園・登校	保育施設・小・中・高学校						帰園	学習 スポーツ		夕食	自由時間			就寝	※保育施設だけでなく児童発達支援センターに通園していることもある
母子生活支援施設	睡眠	起床・身支度	朝食	登園・登校	保育施設・小・中・高学校 母親は就労、もしくは療育へ						帰園	放課後児童クラブ等		夕食	自由時間			就寝	※利用者の生活状況によって異なる

出典：全国保育士養成協議会現代保育研究所「保育士資格取得特例科目・福祉と養護」全国保育士養成協議会　2014年　p.161に筆者加筆

　また、乳児院では約36%、児童養護施設では約60%が虐待を受けた子どもである[7]ことや、さまざまな家庭状況により入所しているため、施設に入所したくて生活している子どもは決して多くない。入所理由を知らない子ども、生い立ち（出自）を知らない子ども、望まない妊娠により生まれた子どもなど、心に傷をもつ子どもがたくさん生活している。

　このように施設で働く保育者には、3つの機能がある。

① 日々の生活、家庭での適切な養育が受けられないことによる、代替的「養育の機能」

② 発達のゆがみや心の傷を癒し、発達を専門的な支援でもって回復させる、「心理的ケア等の機能」

③ 親子関係の再構築等の家庭環境の調整、地域における子どもの養育と保護者への支援、自立支援、退所後支援などの「地域支援等の機能」

　24時間365日の生活ということは、起床から就寝、日中の保育施設では活動にない入浴や夕食（地域小規模児童養護施設では調理も行っている所が多い）があり、医療受診や余暇活動など家庭としての機能と役割をもつ家庭的な環境である。そして、支援する年齢の幅が広くなるということは、支援の専門性の幅も広がり、より高度な支援が必要となる。

エピソード

「逆境からの回復」

　虐待により、小学5年生で入所してきたサトシくん。入所したころは、身体的虐待の影響から、すぐにほかの子どもに手を挙げ、トラブルになり、担当保育者は悪戦苦闘していた。その後、施設での心のケアの甲斐もあって落ち着き、中学校卒業を機に家庭に帰ったサトシくんは、ルールのなかで自分の力を発揮できるボクシングを始め、今ではボクサーとして活躍している。虐待をしていた父親も今ではすっかり成長し、サトシくんの良き理解者である。サトシくんと父親と当時のことを振り返り、話をするたび、笑いあり、涙ありの物語で、保育者の心にいつまでも刻み込まれている。保育者の関わりにより、子どもの成長だけでなく、保護者も共に育つのである。

　施設では思春期の葛藤や第二次性徴の問題に向き合うことがあるため、反抗期や性の問題への援助技術も必要とされる。このほか、学校・地域との連携、児童相談所との連携、保護者との連携などのソーシャルワークの技術も求められ、施設保育者の役割は多岐にわたる。その分、子どもの成長や家庭

復帰による家庭再統合の成果が見受けられた時の喜びや達成感は、きわめて大きい。

　ソーシャルワークでは、保護者と保育者の「信頼関係」を構築するための倫理と行動の原則として、バイスティックの7原則がある。それは1957年に『ケースワークの原則』として記されたものであるが、現在においてもケースワーク*7の基本的な作法として認識されている。

*7　ケースワーク
　面接を手段として、主に個人や家族を対象とする社会福祉援助の方法。個別援助技術ともいわれる。

バイスティックの7原則

①個別化の原則

②意図的な感情表出の原則

③統制された情緒的関与の原則

④受容の原則

⑤非審判的態度の原則

⑥自己決定の原則

⑦秘密保持の原則

●引用文献●

1）美馬正和「保育者は〈気になる子〉どのように語るのか」『北海道大学大学院研究紀要』115　2012年　pp.137-152
2）野村朋「気になる子の保育研究の歴史的変遷と今日的課題」『保育学研究　第56巻第三号』2018年　pp.71-78
3）田中康雄『発達障害の再考』風鳴社　2014年　pp.17-19
4）田中康雄「障がいのある子どもと親を支える保健医療・教育の連携」講演会（2008年）
5）文部科学省『幼稚園教育要領解説』フレーベル館　2018年　p.124
6）井桁容子『発達障害の再考』風鳴社　2014年　p.38
7）厚生労働省 雇用均等・児童家庭局「児童養護施設入所児童等調査の結果」（平成25年2月1日現在）
　　https://www.mhlw.go.jp/file/04-Houdouhappyou-11905000-Koyoukintoujidoukateikyoku-Kateifukushika/0000071184.pdf

●参考文献●

五十嵐哲也・杉本希映編著『学校で気になる子どものサイン』少年写真新聞社　2012年
F.P.バイスティック著（尾崎新・福田俊子・原田和幸訳）『ケースワークの原則［新訳改訂版］』誠信書房　2006年

Column ⑥

『おてて絵本』に見る保育者のスゴさ

絵本作家など　サトシン

【プロフィール】
1962年、新潟県生まれ。作家活動のかたわら、コミュニケーション遊び「おてて絵本」を発案、普及活動に力を入れている。絵本の主な作品に「うんこ！」（西村敏雄・絵／文溪堂）、「わたしはあかねこ」（西村敏雄・絵／文溪堂）等。

【保育に関わるみなさん、おもしろい】

　絵本制作のかたわら、両手を絵本に見立ててこどもと大人がお話づくりを一緒に楽しむ「おてて絵本」というコミュニケーション遊びを広げる活動をしています。「おてて絵本」は教育番組のレギュラーコーナーにもなり、多くのメディアでも紹介され、認知度も高まってきました。

　そんななか、全国各地で園ライブや保育者さん向け研修に呼ばれることもあり、先生たちに体験していただくことも多いのですが、驚くのは先生たちのストーリーテリング能力の高さと表現力。職能上、まあ上手だろうとは予想はしていましたが、その予想をはるかに上回り総体的におもしろいお話をしてくれ、会場をドッカンドッカンと沸かせてくれるのが保育に関わるみなさん。

　単純にお話がまとまっていておもしろいというだけではなく（むしろそういった単純に「よくできました」系の話は多くはない）、アドリブならではの破たんを経験やキャラクター、その場の瞬発力でリカバリーし、結果として大笑いに変える人が多いこと多いこと！　そんな場面にこれまでに何度立ち会ったことか。そうやってできあがったお話には、意外な展開にハッとすることがあったり、お話の背景ににじみでるテーマに感心することがあったり、子どもへの眼差しの確かさや優しさに触れ、あたたかい気持ちになることがあったり。

【おもしろさの源は、日々関わる子どもたち？】

　それらのお話がつくられ、語れる能力は、日々こどもたちと関わり、考え、動くことのなかから培われたものと推察されますが、大人分野においては保育者のみなさんのおもしろさが圧倒的に抜きん出ています。保育者のみなさんと「おてて絵本」で関わることは、自分にとっても楽しみなことであり、時に腹がよじれるほど笑わせていただくことだったりもします。が、みなさんが全員絵本作家を目指したらと考えると、それゆえに自分の今が脅かされることになるのでは！と戦々恐々。てなことで、保育に関わるみなさんは絵本方面はちょっと置いといて、保育のお仕事がんばってほしいと思います。

第7章 環境構成は保育観のあらわれ

　幼児期は心身の発達が著しく、環境からの影響を大きく受ける時期と言われている。保育所保育指針（第1章）には、保育の方法として「子どもが自発的・意欲的に関われるような環境を構成し、子どもの主体的な活動や子ども相互の関わりを大切にすること」[1]と明記されている。幼稚園も同様に幼稚園教育要領（第1章）のなかで、「幼児期の特性を踏まえ、環境を通して行うものであることを基本とする」[2]と述べられている。ともに「環境を通して行う保育（教育）」の重要性が強調されており、子どもの興味、関心、発達に合った魅力的な環境構成を行うことは保育者の大切な役割の一つになっているということがわかる。

　そこで、本章では、子どもが自発的、意欲的に関われる環境とは具体的にどのような環境なのか、思わず関わってみたくなる魅力的な環境はどのように構成すればよいのかについて考えてみたい。さらに、あなたが園を訪れた際に、どのような点に注目すればよいのか、園内のさまざまな場所に焦点を当て、それぞれの環境構成のポイントについて述べていきたい。

　まずは、何も置かれていない保育室があるとする。ここに、絵本、製作遊び、ままごと遊び、ブロック（積み木）遊びのコーナーを自由に設定してみよう。どの遊びをどこに設定し、どのような物を準備すればよいか考えてみよう。

> **Q** 次の各遊びのコーナーをあなたなら
> どこにどのように設定しますか？
> 右ページの図に書き込んでみよう。
> ・絵本　　・ブロック（積み木）
> ・製作遊び　・ままごと

● 保育室の環境構成を考えてみよう

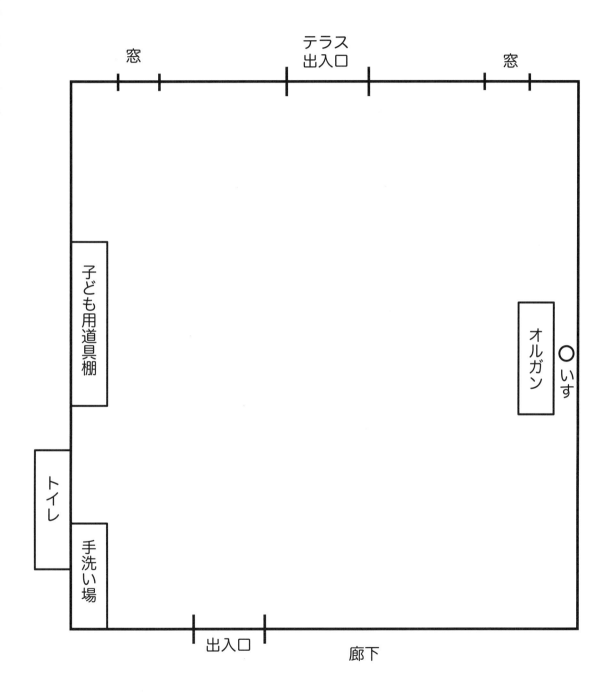

第1節 環境構成のチェックポイント

1 子どもが関わってみたくなる環境へ

　幼稚園教育要領解説（第1章）のなかで「環境を通して行う教育は、幼児の主体性と教師の意図がバランスよく絡み合って成り立つものである」[3]と述べられている。たんに遊具や用具、素材だけを配置して、後は子どもに任せるといったものではなく、また、保育者主導で子どもに押しつけたりつめ込んだりするものでもない。子どもが思わず触ってみたくなる、遊んでみたくなる、関わってみたくなるような魅力的な環境を構成することで、子どもみずからが興味や関心をもって主体的に環境に関わる姿を大切にしたい。

2 保育観があらわれる環境構成

　園庭にある砂場、ジャングルジム等の固定遊具の場所を変えることはできないが、砂場の周辺に魅力的な道具やごちそうづくりが楽しくなるようなさまざまな材料を置くことはできるし、ジャングルジムや滑り台などを段ボールで囲ってみると、秘密基地や家に見立てた遊びがより盛りあがるだろう。思う存分に体を動かして遊べるように、鬼ごっこの安全基地に固定遊具を利用してもよいだろう。

　保育室の場合は、保育者自身が子どもの発達や興味、関心、遊びの様子に応じて自由に環境を構成することが可能である。同じ遊具、材料、道具などがあったとしても、その配置の仕方、出し方によって、子どもの物的環境への関わり方は大きく異なってくる。

　つくったり描いたりする活動にじっくりと取り組めるようにしたければ、製作のコーナーの場を広く取り、いろいろな種類の材料や道具などを取り出しやすい場所に置くとよいだろう。また、音楽的な遊びを取り入れたければ、BGMに合わせてダンスをしたり楽器を鳴らしたりできるようなコーナーを設置したり、お客さんの椅子を並べてコンサートごっこのような遊びにも発展できるだろう。

　つまり、保育者の「どのような子どもに育てたいか」「どのような経験をさせたいか」「どんな保育を展開したいか」といった願いや保育観が、環境構成のあり方にあらわれるのである。

　まずは前頁の保育室の環境構成について、その設定例とポイントを示す。

第2節 保育室の環境構成 ―遊び編―

● 保育室の環境構成例

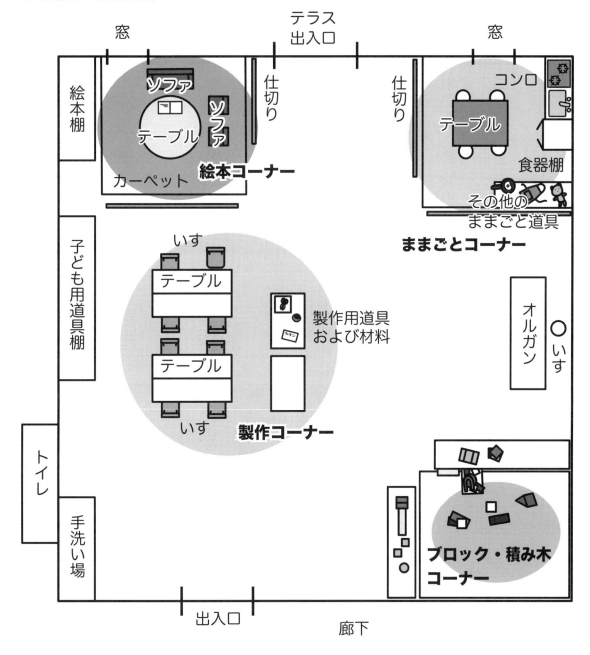

絵本を落ち着いて見るためには、保育室の隅にコーナーを設定するとよい。「隅っこ」や「端っこ」というのは、子どもに限らず大人であっても、落ち着く、安心できる空間であるからだ。できるだけ明るい場所が望ましいため、窓のあるコーナーに設定するとよいだろう。カーペットを敷き、小さなソファやテーブル、座布団などを置くと、よりくつろげるスペースになる。つい立てなどで仕切りをつくってもよいだろう。

絵本棚は低年齢児の場合、背表紙の文字が読めないため、見たい本が一目で探せるように、平置きタイプのものがおすすめである。4、5歳児クラスでは、多様な活動が予想され、また、知的好奇心が高まる時期なので、図鑑類、科学に関する本、なぞなぞや迷路など友だちと一緒に楽しめる本、物語、月刊絵本など、さまざまな種類の本を置きたい。

> 表紙が見えるように並べられているため見たい本が探しやすい

> 窓の近くの明るい場所に畳やソファを置きくつろげる空間になっている

平置きの絵本棚 　　　　　　　ある幼稚園の絵本コーナー

2 | ままごとコーナーは思わず遊びたくなる空間になっているか？

ままごと遊びも絵本を読むコーナーと同様に静的な遊びのため、仕切られた空間のなかでじっくりと落ち着いて遊ぶことができるように配慮したい。大型段ボールなどで壁をつくり、窓をくり抜いたり、ドアが開閉できるようにしたりして、そのまま部屋になっているような設定にすることで、思わず「入ってみたい」「のぞいてみたい」魅力的な場になるだろう。

台所を再現したようなコンロや流し台、食器棚などがあると、イメージが膨らみやすい。また、エプロンやドレス、さまざまな食べ物、それらを並べ

るテーブルや椅子など、見立てたりなりきったりするための物的環境が整っていると、さらに遊びが盛りあがる。

　食べ物は、3歳未満児であれば、フェルトなどでつくられた柔らかく安全な物を準備するとよいだろう。口に入れる場合もあるため、常に清潔を保ちたい。市販の物を利用してもよいが、3歳以上児であれば、自分たちで必要な物を製作できるように準備すると、ほかの遊びとの交流が生まれ、遊びの幅や友だち関係が広がるだろう。

思わず関わってみたくなる魅力的な場になっているか

岡山大学附属幼稚園のままごとコーナー

3 ｜ 製作遊びは「活動のしやすさ」を大切にしているか？

　子どもが主体的に環境と関わるために、「どこに何が置いてあるのか」を子どもがわかっていて、「必要な物を自由に使うことができる」ような準備や配置がされていることが望ましい。製作コーナーであれば、遊びの目的やつくりたい物に応じて、セロハンテープ、マジック、はさみなどの道具や折り紙、画用紙、新聞紙などの材料、牛乳パックや空き箱などのリサイクル材を自分で選んで自由に使えるように、取り出しやすい場所に整理して置いておくようにしたい。表示をつけておくと、探しやすく、後片づけもしやすい。

　幼稚園児や保育所の3歳以上児の場合、はさみやのり、クレヨンなどは個人用の物を使うことが多いため、個人のロッカーや道具棚に近い場所にテーブルや椅子を置き、場を設定するとよい。セロハンテープ、新聞紙、折り紙など共用の物はキャスターつきのワゴンを使えば、近くに置くことができ便利である。また、画用紙や色紙などの切れ端は、簡単にゴミ箱に捨てるのではなく、「使えるものは戻してまた使う」ための環境を整え、物を大切にする心を育てていきたい。

製作遊びの環境構成のポイント

●ポイント①：どこに何があるか一目でわかるようにしよう

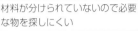

材料が分けられていないので必要な物を探しにくい

一目で必要な道具がわかる

材料は種類ごとに分類し、表示をつけておく

●ポイント②：取り出しやすい場所に置こう

きれいに整理されているが、子どもの手が届かないため自由に使えない

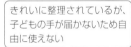

これなら取り出しやすく自由に使える

●ポイント③：物を大切にする心を育てよう

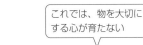
これでは、物を大切にする心が育たない

切れ端は簡単に捨てない工夫を

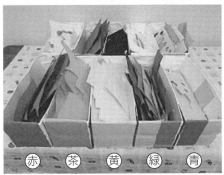
切れ端を色別に分けて戻すと使いやすい状態を保つことができる（牛乳パックで作った色画用紙入れ）

┌──────┬────────────────────────────────────┐
│　4　│ ブロックや積み木は他の遊びと交錯しない場所に設定されているか？ │
└──────┴────────────────────────────────────┘

ブロック（積み木）コーナーもカーペットなどを敷き、落ち着いてじっくりと取り組める環境にしたい。長くつなげたり高く積み上げたりすることが予想されるため、スペースも少し広めにとるとよい。また、他の子どもの動線[1]を考慮し、ぶつかって崩れたり壊れたりしないような場所に設定するとよいだろう。

*1　動線
　子どもが動く道筋。この場合、出入口からトイレ、手洗い場、もう一方の出入口を結んだ線。子どもの動きを予想し、動線を考えて環境を設定することで、子どもがスムーズに無駄なく動くことができたり、危険な状況を未然に防いだりすることができる。

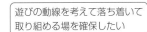
遊びの動線を考えて落ち着いて取り組める場を確保したい

ブロックコーナーでの遊び

第3節 保育室の環境構成 —生活編—

1 | 「安全」に「安心」して過ごせる環境になっているか?

　毎日の園生活を子どもが安全に安心感をもって過ごすことができるように、さまざまな環境の工夫が必要である。

　手洗い場にわれ先にと殺到し押し合いになる子どもの姿を予測し、順番を待つ場所を親しみのあるキャラクターで示すことで、未然にトラブルや事故を防ぐことができる。

　ピアノやオルガンのふた、出入口の扉を梱包材などで覆っておくと、指を挟む事故も防ぐことができるだろう。低年齢児のクラスではつかまり立ちや伝い歩きをしやすいように手すりをつけたり、はいはいが思う存分できるように広いスペースをとり、柔らかいマットを敷くとよい。

　保育室の明るくかわいらしい壁面装飾は入園当初、不安な気持ちがいっぱいで保育室に入ってくる子どもに安心感を与える。初めてのトイレに抵抗感を感じる子どもも少なくないため、トイレにも壁面装飾を施し、明るく入りやすい雰囲気をつくりたい。

押し合いにならずに順番を待てる工夫がされている

キャラクターの印の場所に立って並ぶ（手洗い場）

指を挟まないように安全面への配慮を…

ピアノのふたに丸めた梱包材をかませている

明るい雰囲気で入りやすく

トイレの装飾

2 | 「自分で」する意欲につながる環境になっているか？

　園生活のなかで、子どもができるだけ自分の力でいろいろなことをやって
みようとする姿を見守り、支えることも保育者には求められている。

　自分で排泄するためには、座りやすい高さや大きさの便座やおまるが必要
である。自分で蛇口をひねって水を出し、手を洗うためには、子どもの背の
高さに合ったサイズの洗面台が必要となる。鏡も子どもに合わせなければい
けない。うがい用のコップ、手をふくタオルなどは、その都度自分のロッカー
に取りに行き、また戻しに行くと、その分時間がかかるし、行ったり来たり
している間に友だちとぶつかることも予想される。手洗い場ですべて済ませ
ることができるように、コップもタオルもすぐ近くに置くことはスムーズに
手洗い、うがいを行うための一つの方法である。

　道具箱の使い方を図示しておけば、自分で持ち物の管理がしやすいだろう
し、「次に何をするのか」といった行動の流れを絵で示すと、指示されなく
てもみずから進んで行動することができるだろう。

身の回りの始末が自分でできるよう配慮された環境

手洗い場の洗面台
や鏡の高さは子ど
もの高さに合わせ
てある（2歳児）。
奥にあるのは大人
用の洗面台

うがい用のコップ
が手洗い場の前の
個人用マークシー
ルの場所に置かれ
ている。左側は手
拭きタオル

道具箱の使い方を
示した図

給食後の行動を絵で示した
カード

1 | 安全面に配慮された環境になっているか？

　まずは、子ども一人一人がどこで何をして遊んでいるのかを一目で把握できるように、死角がないこと、また、保育室から園庭全体が見渡せることが望ましい。ブランコから誤って落ちても大丈夫なように、砂を多めに敷いたり、人工芝やマットを置くなどの配慮も必要だ。そのほか、さまざまな固定遊具については、安全面に問題がないかどうかを定期的に点検する。

2 | 自然と十分に関わることができる環境が構成されているか？

　幼稚園教育要領および保育所保育指針のなかで、共に、自然と直接触れ合う体験の大切さが強調されている[*2]。保育者は常に子どもがその時期ならではの身近な自然物と十分な関わりがもてるように環境を考えなければならない。

　日本には、はっきりとした四季があり、季節ごとに出会う自然物が異なる。保育者は、子どもがいつ、どこでどのような自然物と出会うことができ、それをどのように保育に取り入れるか、常に把握し、指導計画のなかに組み込んでいく必要がある。園内の自然マップを作成しておくと、わかりやすく、保育者間での共通理解も図りやすい（図7-1）。

*2
　「自然との出会いは、豊かな感情や好奇心を育み、思考力や表現力の基礎を形成する重要な役割をもっている」[4]（保育所保育指針解説「内容の取扱い」）
　「幼児期において自然のもつ意味は大きく、自然の大きさ、美しさ、不思議さなどに直接触れる体験を通して、幼児の心が安らぎ、豊かな感情、好奇心、思考力、表現力の基礎が培われることを踏まえ、幼児が自然との関わりを深めることができるよう工夫すること」[5]（幼稚園教育要領解説「内容の取扱い」）

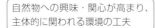
自然物への興味・関心が高まり、主体的に関われる環境の工夫

関連する絵本や図鑑を並べておくと知的好奇心が満たされる

虫取り網、虫かごが自由に使えるように置かれている

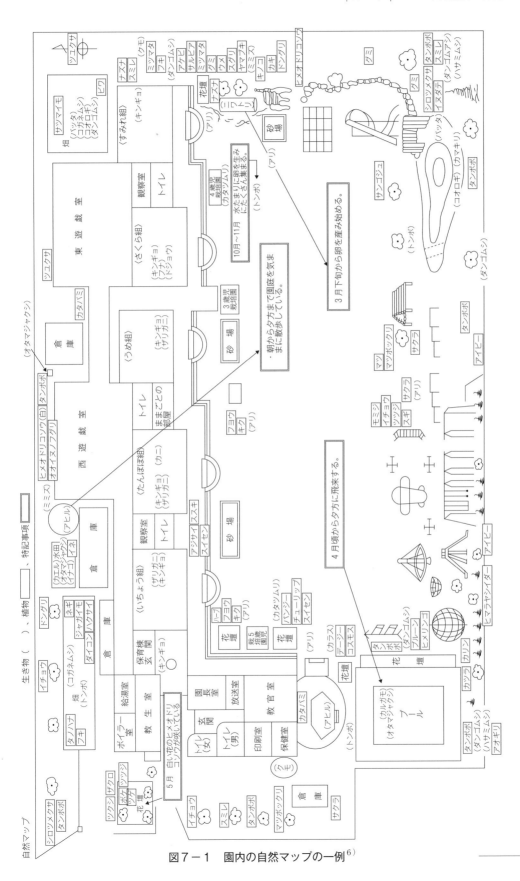

図7-1　園内の自然マップの一例[6]

115

3 | 見通しをもった環境が構成されているか？

保育者は、子どもにどの時期にどのような経験をさせたいかを常に見通し、タイミングを見て、遊びのイメージや目的に合った物的な環境を構成したい。

たとえば、パンジーやサルビアなどを育てておくと、春に、砂場でのごちそうづくりの材料として使うことができるし、すりつぶして色水遊びにも発展できる。園庭に桜の木があれば、花びらがたくさん落ち、秋になると紅葉した落ち葉もいろいろな遊びに活用できる。

夏野菜を栽培すれば、自分たちで育てる喜びを味わい、食育にもつながるだろう。カラタチ、サンショウなどの柑橘系の木を植えておくと、アゲハチョウが卵を産みにくるため、卵から幼虫、成虫へと変化する様子をじかに見ることができる。泥んこ遊びを思う存分楽しむために、園庭をあえて水たまりができるようにしておくのもいいだろう。

また、秋になってバッタやコオロギなどの虫探しを十分に楽しめるように、雑草を残しておくのも一つの方法である。園庭が魅力的な場所であれば、子どもたちは戸外で思う存分体を動かし、夢中になって遊ぶだろう。固定遊具だけでは十分な満足感は得られない。保育者が常に見通しをもって意図的、計画的に園庭の環境構成を工夫することが大切である。

年長児の当番活動
（夏野菜の水やり）

4 | テラスが有効活用されているか？

保育室と園庭の間にテラスがある園では、是非テラスも有効に使いたい。テラスは保育室と園庭を結ぶ中継地点である。テラスで展開される遊びは、保育室からも園庭からもよく見えるため、それぞれの場所で遊ぶ子どもが興味、関心を示し、新たな遊びや友だち関係が生まれるきっかけになる。

テラスと保育室、テラスと園庭をそれぞれ行き来して、遊びの場が広がることも多い。天気が良く、ほとんどの子どもが園庭で遊ぶような日には、テラスで製作や絵描きなどができるようにしてもよい。普段、保育室で行っている遊びをテラスに移すことで、子どもたちは新鮮な気持ちで楽しむことができるし、保育者も園庭にいながら一人ひとりの把握ができ安全面への配慮もしやすい。かなづちや釘を使った木工遊び、シャボン玉や色水遊びなど、

テラスが有効活用されている例

テラスにつくられた段ボールの基地
（迷路）

テラスに置かれたアゲハの幼虫を見ている。テラスに置くと、園庭、保育室のどちらで遊ぶ子どもにとっても見やすい

保育室では難しいが、砂や泥を避けたい遊びであれば、テラスが最適な場所だろう。

第5節 園舎内の環境構成

1 ｜ 玄関・廊下から園内の情報を発信することができているか？

　保育所では、保護者は毎日のように送迎の際、玄関から入り、廊下を通って保育室へ向かう。幼稚園では、通園バスを利用している場合、日々の送迎はないが、園行事や面談等で保護者が来園する機会は少なくない。

　玄関、廊下は保護者が来園した際、最初に通る場所であるため、常に「お客様を迎え入れる」ための環境を整えたい。ちょっとした花が飾られていたり、きれいに整理整頓され、掃除が行き届いていたりすると、保護者や来客は園全体に対して気持ちの良い印象を抱くだろう。

　また、その日の給食の献立や見本を展示したり、感染症の罹患状況を表にして知らせたり、日々の保育や行事の時の写真を掲示したりなど、園内のさまざまな情報や子どもの様子を保護者に発信することで、園と家庭との連携の強化にもつながる。

玄関・廊下の環境構成のポイント

家庭への情報発信

幼稚園の玄関

玄関に提示された感染症の発生状況

廊下に置かれた本日の給食の
献立およびレシピ

家庭への連絡事項や落とし物を
掲示板で知らせる

廊下に掲示された園行事の写真や子どもの作品

2 ｜ 遊戯室（ホール）が好きな遊びのなかで活用されているか？

　遊戯室（ホール）は、園舎内で最も広いスペースを確保している園が多い。普段、保育室ではなかなかできないような、ダイナミックな遊びが室内で経験できる唯一の場所である。たとえば、マットや跳び箱、平均台などを組み合わせて、迷路や忍者の修行ごっこといった遊びを楽しんだり、木製の大型積み木を並べて、たくさんの友だちが入ることができる広い家や基地をつくったりといった遊びが可能である。雨で園庭が使えない時には、遊戯室内

で走ったりゲームをしたりなど、体を動かして遊ぶこともできる。

ただ、園庭ほど広くはないため、一度にたくさんの子どもが遊ぶ場合は、注意が必要である。ぶつかってけがをしないよう、ルールや約束事を決めて遊ぶことが必要であろう。また、遊戯室は、遊びのためだけではなく、式典や行事等の集会で使用する場所でもある。遊んだ後は、きちんと片づけて元の状態に戻さなければならない。大型の遊具は出し入れしやすい場所に置き、運ぶ際には安全面に十分配慮する。

3 | 職員間の連携が図りやすい環境になっているか?

職員室は、保育時間中はほとんど職員がいない状態になっていることが多いが、園長や主任教諭は職員室にいる時間が比較的長い。まずは職員室の窓から外を見てみよう。園庭が見渡せるだろうか。クラス担任だけでなく、園全体で子ども一人一人を見ていく体制がしっかりと取れている園では、各保育室からのみならず、職員室からも園庭やテラスで遊ぶ子どもたちが見えるようになっている。

「どのクラスがどのような活動をしているか」「子どもたちがどこでどんな遊びを楽しんでいるか」を園長や主任教諭など、普段クラスに入っていない職員も把握できていれば、職員間の連携が図りやすい。一人でも多くの目で子どもたちを見守ることで、危険な場面や望ましくない行動を見逃さず、即座に対応することもできる。

職員の机の配置はどうだろうか。会議や打ち合わせの時間以外にも保育者同士で日々の保育のなかで起こった出来事や子どもの様子など、日頃から気軽に情報交換を行うことが連携を深めるうえで大切である。そのためには、お互いの顔が見え、話しやすい距離になるように机が配置されていることが望ましい。

その日の子どもの出欠を全職員で把握

各クラスの出欠状況および
預かり保育の利用状況

以上、園内のさまざまな場所の環境構成についてポイントを述べてきた。表7-1に本章をまとめた「環境構成のチェックポイント一覧表」を記す。

保育者は常に子どもたちが「楽しく」「安全に」「安心して」園生活を送ることができるように保育環境を考えていく必要がある。子どもに対してきめ

表7-1　環境構成のチェックポイント一覧表

遊び	保育室	【絵本コーナー】 □　明るくくつろげる空間になっているか？（カーペットや畳、ソファなど） □　＜3歳未満児＞年齢にふさわしい本を保育室のさまざまな場所にかごなどに入れて用意したり、表紙が見える平置きの本棚に収納したりしているか？ □　＜3歳児＞生活や遊びに即した絵本、擬音語や擬態語、繰り返しのリズムが楽しい絵本が用意されているか？ □　＜4歳児＞月刊絵本、科学絵本、物語、図鑑類など、多様な活動に対応できるもの、言葉遊びやなぞなぞの本などが用意されているか？ □　＜5歳児＞知的好奇心を刺激したり、知識欲を満足させたりするような図鑑や想像力を豊かにする物語などが用意されているか？ 【ままごとコーナー】 □　思わず入ってみたくなる魅力的な空間になっているか？（仕切られた空間、「お家」をイメージできる魅力的な小道具や玩具、テーブル、椅子、シンクなど） □　＜3歳児未満児＞小さなままごとセット、布で作られた柔らかく安全な食べ物が清潔な状態で用意されているか？ □　＜3歳以上児＞必要な物を作ったり見立てて遊んだりすることができるように空き箱などの材料（木の実などの自然物でもよい）が用意されているか？ 【製作コーナー】 □　必要な物を自由に取り出して使える環境が整えられているか？（低い位置で扉のない棚に収納された材料や道具、収納場所が一目でわかる表示など） □　＜3歳未満児＞安全面に配慮し、必要な材料、道具を保育者が用意して一緒に使える環境が整えられているか？ □　＜3歳児＞新入園児の場合は、抵抗感をなくすために、使いかけのクレヨンや広告紙、古いカレンダーなども一緒に置いてあるか？ □　＜4歳児＞製作意欲を高めるため、空き箱などのリサイクル材を自由に使えるように分類して用意してあるか？ □　＜5歳児＞大きな段ボール、木材等の素材、段ボールカッター、かなづち、のこぎり等の道具など、十分に手応えのある活動ができる環境が整えられているか？ 【ブロック・積み木】 □　子どもの動線を考慮し、他の遊びと交錯しない落ち着いた場に設定されているか？
	生活	□　安全面に配慮された環境が整えられているか？（耐震グッズ、安全柵、コーナーガード、指ストッパー、引き出しロックなど） □　明るく楽しい雰囲気、安心して過ごせる環境が整えられているか？（保育室やトイレの壁面装飾、BGMなど） □　身の回りのことが自分でできるための環境が工夫されているか？（整理整頓や手洗い、歯磨きなどの仕方を絵で表示、時計を見やすくする工夫など）
園庭・テラス		□　安全に遊べる環境が整えられているか？（遊具の安全点検、園庭の小石の除去、砂場の掘り起こしなど） □　園庭に死角がなく、保育室から園庭全体が見渡せるか？ □　身近な動植物との関わりが十分にもてるような環境が整えられているか？ □　長期的な見通しをもった環境が構成されているか？（樹木、草花、虫、季節ごとの遊び等） □　テラスを有効活用できているか？（園庭の遊び、保育室の遊びとのつながり）
遊戯室		□　遊戯室は広々とした空間になっているか？ □　大型積み木や巧技台など、ダイナミックな遊びが展開できる遊具が備えられているか？ □　遊具や道具を片付けやすい（出し入れしやすい）環境が整えられているか？
玄関		□　玄関はきれいに整理整頓され、掃除が行き届いているか？ □　園内のさまざまな情報を家庭に発信できるものが提示されているか？
職員室		□　職員室の窓から園庭が見渡せるか？ □　職員間で互いに情報交換しやすい机の配置になっているか？

細やかな対応ができる保育者は、環境構成が子どもの目線でとらえられており、安全面への配慮も行き届いている。また、子どもがわくわくするような楽しい保育を展開できる保育者は、その保育室の随所に思わず関わってみたくなる魅力的な環境があふれている。まさに保育者の保育観や人間性が環境構成にあらわれるのである。

●引用文献●
1）厚生労働省『保育所保育指針解説』フレーベル館　2018年
2）文部科学省『幼稚園教育要領解説』フレーベル館　2018年
3）同上　p.26
4）厚生労働省『保育所保育指針解説』フレーベル館　2018年
5）文部科学省『幼稚園教育要領解説』フレーベル館　2018年
6）武元英夫・衡田幸一・佐藤悦朗・齋藤稔・井上孝之・木村和子・毛利美和・山﨑敦子・平澤和嘉子「一人一人の育つ力を支える保育をめざして」『宮城教育大学附属幼稚園研究紀要』第43集　1999年

●参考文献●
福元真由美『事例で学ぶ保育内容＜領域＞環境』萌文書林　2010年
田宮縁『体験する調べる考える領域「環境」』萌文書林　2011年
横山文樹『保育内容・環境』同文書院　2012年
神田伸生『演習保育内容総論―子どもの生活・環境・遊びに向き合う―』萌文書林　2013年

Column ⑦

先生になった後のこと

北翔大学短期大学部　高橋さおり

【学生時代にやっておけばよかったこと】

　将来、自分が先生として働いている姿を想像することができますか？　先生になるための勉強は大切ですが、保育の仕事は「先生になってから」も学び続けることが求められます。では、先生として成長し続けるためにはどのような力が必要となるのでしょうか。

　保育所に就職して数か月の卒業生が研究室を訪ねてきました。「大変なことはたくさんあるけれど、子どもたちがかわいいです」と語る表情に成長の証を見ることができました。子どもたちの日々の成長、同僚の先生やかつての級友に助けられた出来事など、話が尽きることはありません。

　そんななか、「学生時代にやっておけばよかったこと」の話が始まりました。彼女は園外研修へ赴き事後に報告書を提出した際、先輩の先生から修正を求められ、書き方について教わったと言います。「書く仕事」として園だよりや連絡帳、要録などは想像していたものの、研修後の報告でこうした力が必要になるとは思いもしなかったそうで「学生時代にはレポートなどをもっとがんばっておけばよかった」と言うのです。そして、報告書をきちんとまとめることの意味は、文章の体裁を整えることだけでなく、学んだ内容を園に戻って伝える責任を果たすことである点に気がついたということでした。

【今の毎日が保育につながっていく】

　保育所の活動は、子どもの成長を支援するために計画的に行われています。その計画を立てるためには、どのような子どもを育てたいかという保育者の思いや園の目標が同僚たちと十分に話し合われ、共有されなければなりません。さらには、それが保護者や地域の方々に理解され、協力してもらうことが期待されます。

　そうした活動に取り組んでいくためには、日頃から同僚や保護者の方々とのコミュニケーションが欠かせず、自分の考えや園の方針を自分の言葉で表現できる力が必要となります。学生時代のレポートは、こうした点と結びついているのです。保育者になってからは、園の活動を円滑に進めるために、自分の日常的な行為をふりかえりながら、周囲とよりよいコミュニケーションをはかることが大切になります。保育者をめざすみなさんには、今の毎日が、将来の保育につながっていく点を意識しながら過ごしてほしいと思います。

第8章 保育の質を向上させるためのチェックシート
―「多様性」と「生活性」の視点から保育をデザインする―

　大人からみると、いたずらにしか思えない子どもの行為がある。しかし、それは本当にいたずらで済ませてしまっていいのであろうか。子どもの行為だけを見ていては、見えてこない世界が必ずあるはずである。行為の意味を探る時、遊びのなかに存在する「学び」が目の前にあらわれてくるのである。ますはこのエピソードをみてほしい。

エピソード

紅茶こぼしちゃった[1]

カステラって、コーチャのむのはやいよ
（どうして）
ぼくコーチャのんでて　カステラのおさらに
ボタボタって　たらしたら
スーッと　カステラが　のんじゃった
だからぼく　カステラのおさらに
ちょっぴりずつ　ちょっぴりずつ
なんかいも　コーチャ　こぼしてみたの
あんまり　いっぺんにこぼすとのみきれなくなるよ
こないだ　ビスケットに　のませてみた
カステラよりすきじゃなかった　でもちっとはのんだよ
きのう　おせんべに　のませたけど
おせんべは　のまない
でも　ママは　もうコーチャ　あげないっておこってた
いたずらする子は　コーチャのまないでお水にしなさいってさ
（おせんべは　お水なら　のむかしら）

1 | 保育とは何か

　保育とは何かという問いに、簡単に答えることは難しい。しかし、あえて一言で答えるならば、「子ども自身が自発的に環境に働きかけ、主体的に遊びを展開することを支える営み」とまとめることができる。「自発的」や「主体的」は安易に使ってしまう言葉ではあるが、その意味を明確にすることはなかなか難しい。こうしたキーワードに、遊びのなかに存在する「学び」を明らかにしていく鍵がありそうだ。

　幼稚園教育要領解説や保育所保育指針解説等には次のように書かれている。

幼稚園教育要領解説「第1章 総説　第4節 指導計画の作成と幼児理解に基づいた評価」

「幼児が様々な人やものとの関わりを通して，多様な体験をし、心身の調和のとれた発達を促すようにしていくこと。その際，幼児の発達に即して主体的・対話的で深い学びが実現するようにするとともに、心を動かされる体験が次の活動を生み出すことを考慮し、一つ一つの体験が相互に結び付き、幼稚園生活が充実するようにすること。」[2]

保育所保育指針解説「第1章 総則　1 保育所保育に関する基本原則」

「子どもが、自分の存在を受け止めてもらえる保育士等や友達との安定した関係の中で、自ら環境に関わり、興味や関心を広げ、様々な活動や遊びにおいて心を動かされる豊かな体験を重ねることを通して、資質・能力は育まれていく。」[3]

幼保連携型認定こども園教育・保育要領解説「第1章 総則　第2節「教育及び保育の内容並びに子育ての支援等に関する全体的な計画」等」

「園児の発達に即して主体的・対話的で深い学びが実現するようにするとともに、心を動かされる体験が次の活動を生み出すことを考慮し、一つ一つの体験が相互に結び付き、幼保連携型認定こども園の生活が充実するようにすること。」[4]

　冒頭のエピソードをみてもわかるが、子どもは決して大人を困らせてやろうとしているのではなく、出発は、偶然出会った、カステラが紅茶を吸い込んでいく不思議な風景に心が動いたことだ。この心の動きが、大人からするといたずらとしかみえない行為にのめり込ませていくのである。

2 ｜ 思わず始まる行為

　先ほど「自発的」という言葉を使ったが、これまでの記述から、「自発的」とは子ども自身が出会った環境や事象に心を動かされることにより、思わず始まる行為であることが理解できる。では、心が動き思わず遊びだした子どもは、どのように遊びを展開していくのであろうか。

　幼稚園教育要領解説や保育所保育指針解説等を再び参照してみよう。

幼稚園教育要領解説「第1章 総説　第1節 幼稚園教育の基本」

「幼稚園教育が目指しているものは、幼児が一つ一つの活動を効率よく進めるようになることではなく、幼児が自ら周囲に働き掛けてその幼児なりに試行錯誤を繰り返し、自ら発達に必要なものを獲得しようとするようになることである。」[5]

保育所保育指針解説「第1章 総則　4 幼児教育を行う施設として共有すべき事項」

「充実感をもって自分のやりたいことに向かって、繰り返し挑戦したり諸感覚を働かせ体を思い切り使って活動したりするなど、心と体を十分に働かせ、遊びや生活に見通しをもって自立的に行動し、自ら健康で安全な生活をつくり出す姿が見られるようになる。」[6]

幼保連携型認定こども園教育・保育要領解説「第1章 総則　第1節 幼保連携型認定こども園における教育及び保育の基本及び目標等」

「幼保連携型認定こども園における教育及び保育が目指しているものは、園児が一つ一つの活動を効率よく進めるようになることではなく、園児が自ら周囲に働き掛けてその園児なりに試行錯誤を繰り返し、自ら発達に必要なものを獲得しようとするようになることである。」[7]

　エピソードの続きをみると、子どもはその後も、おせんべいやビスケットの経験も思い出し、さらに紅茶の代わりに水でもやってみようかなと、しかられている最中も心のなかで思いをめぐらせている。結果が整っていたり、見た目が美しかったりという大人の価値観で見るのではなく、心が動いたことにのめり込み、ひたすらくり返すことが遊びには大切なのである。子どもの行為の結果を重視するのではなく、ひたすらくり返し遊ぶ子どもの姿こそが「主体的」な姿と言えるのである。

3 ｜ 遊びのなかの「学び」

　学びとは、正しい知識や技術の獲得を求めるものではない。子どもが「心が動く」事象にのめり込み、遊びを「くり返す」そのプロセス自体が学びなのである。環境にみずからが働きかけ、そこでの出会いに心を動かす。この

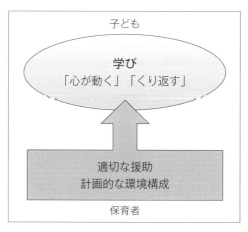

図8-1　子どもの学びと保育者の役割

出会いが起因となり遊び込むプロセスが働きだす。すると子どもは、遊びをよりおもしろくするために、また、みんなと一緒にやり遂げていくために試行錯誤をくり返しながら試していく。こうした「心が動く」出会いからひたすら「くり返す」プロセスが自発的・主体的な遊びには存在するのである。

エピソード

「ばくはつごっこやろうぜ」

　登園すると、目で言葉を交わし、朝の用意をさっさと済ませ、砂場に飛び出す4人の5歳児。太いパイプを砂山に埋め込み、一人がそのパイプに水を注ぎ込む。パイプの真ん中まで水が入ったところで、パイプを埋め込んだ砂山が爆発した。「うわぁ、だいばくはつ！」「上まで入らなかったなぁ」と口々につぶやきながら、再び山をつくり直し、パイプを埋め込む。次もやはり水がいっぱいになる前に爆発してしまう。「おもしろい！」「もういっかいやろう」と何度も何度もくり返し遊び込んでいた。

　このエピソードは、日常どこにでもある砂場の風景である。昨日もこの遊びを経験したに違いない4人の子どもたち。水を入れると砂山が爆発することを発見し、そのことに心が動き、思わず体が砂場のほうに誘われてしまう。爆発するのがおもしろく、何度も何度もくり返して遊び込んでいる。こうし

た遊びこそが、学びそのものなのだ。

この子どもたちは砂山の爆発が心が動く事象であった。「心が動く」出会いは、子どもによってさまざまである。その多くが「やってみたい」「おもしろそう」という興味・関心から出発し、何度も何度も「くり返す」のである。この砂場の遊びのように、子どもだけで「心が動く」事象に出会い、「くり返す」こともあるであろう。しかし、保育現場において、多くの場合は保育者の援助であったり、意図的な環境の構成を行うなど働きかけが必要であったりすることは言うまでもない。ここに、学びを支えるための保育者の役割があり、専門性が求められるのである。

では、こうした学びを支える保育者は、適切な援助や計画的な環境構成において、どのような点に注意しなければならないのであろうか。

第2節 学びを充実させるための視点 ─「多様性」と「生活性」─

1 │ 保育における「多様性」

① 子ども一人一人にとって適切かどうかをみる

学びを充実するためのキーワードの一つは「多様性」である。「多様性」とは、子どもが遊び出す時に、興味や関心などから「やってみたい！」と「心が動く」場面と、遊びにのめり込み、何度も何度も「くり返す」それぞれの場面において、環境構成や援助が、個々の子どもに適切であるようにさまざまに用意されているかどうかという視点である。エピソードをとおして考えてみよう。

エピソード

「プールに入りたくない」[8] ───────────

水が嫌いな3歳児のリョウガくん。水着に着替えることはなく、プールに入っている友だちの姿を遠くから眺めていた。

ある日、プールとリョウガくんの間に、フィンガーペイントの場所が用意されていた。赤や緑などの絵の具が、机の上に直接ぬられている場所が用意されてい

た。リョウガくんは、その場所に吸い寄せられるように向かい、試してみた。絵の具の感触や、混ぜ合わせることでいろいろな色に変化することに心が動き、絵の具を触っては手をあらい、感触や混ぜ合わせを楽しんだ。そうしていると、プールからこぼれた水が園庭にたまり、池のような水たまりをつくっているのに気づいた。太陽に照らされてぬるんだ水の感触を楽しむように、水たまりに入って遊びだした。絵の具遊びや水たまり遊びをくり返したリョウガくんは、全身びしょびしょ。自分からぬれた服を脱ぎ、水着に着替えてプールに向かったのであった。

(提供：岩波映像株式会社)

　水が苦手なリョウガくんと保育者の関わりのエピソードである。「水の気持ちよさを味わう」というねらいを達成するために、保育者は決して無理に水に関わらせようとはしていない。絵の具の感触が楽しめるコーナーや、プールからあふれ出した水が水たまりになるという偶然を環境に取り込み、リョウガくんが、「水って気持ちいいな」と心が動き出す瞬間を誘おうとしている。そのために、リョウガくん自身が、主体的に関わっていくための環境構成や援助が多様に準備されている。このように、環境や援助に「多様性」があることで、子どもの遊びのなかの学びは充実してくるのである。

②　多様性を広げる保育者のあたたかいまなざし

　「心が動く」段階の環境の「多様性」とは「さまざまな環境のなかから、子どもみずからが働きかけて選択することができるか」、援助の「多様性」は「子どもみずからの心の動きを大切にする保育者のあたたかいまなざしがあるか」である。「心が動く」段階は、子どもが感動や興味・関心、さらには、遊びをもっとおもしろくみんなで楽しむために、解決しなければならない揺れ、ズレ、葛藤なども重要になってくる。その場面で大人の視点で構成された限定的な環境から選択するのではなく、みずからがダイナミックに働きかけられる心揺さぶられる多様な環境の存在が担保されているかどうかが重要となる。また、「こうしなさい」などのような、保育者の指示的・限定的な援助ではなく、子どもの心揺さぶられた経験をさらに子どもみずからが継続的・連続的に展開できる方法が保障されているかどうかが重要となる。

　学びの充実度を高める「くり返す」段階の環境の「多様性」とは、「子どもの思いや願いを実現するために必要な様々な環境があるか」ということである。そして援助の「多様性」は、「子どもが試したいと考えるいろいろな方法や技法の予測と、それに寄り添う保育者の保育技術があるか」である。

環境

心が動く	さまざまな環境のなかから、子どもみずからが働きかけて選択できる
くり返す	子どもの思いや願いを実現していくために必要なさまざまな環境がある

援助

心が動く	子どもみずからの心の動きを大切にする保育者の温かいまなざしがある
くり返す	子どもが試したいと考えるいろいろな方法や技法の予測と、それに寄り添う保育者の保育技術がある

図8−2 環境や援助の「多様性」

子どもが出会ったことに心を動かし、くり返し遊び込もうとする時、子どもの実情に合わせた多様な用具・用材などが、一人一人に適切な環境が用意されているかが課題となる。さらに、遊びを定型化し、「こう遊ぶべき」という価値観にとらわれることなく、子ども一人一人に寄り添える援助・方法を提示できているかが重要となる（図8−2）。

2 │ 保育における「生活性」

① 生活のつながりのなかから遊びを生み出していく

　学びを充実させるもう一つのキーワードは「生活性」である。「生活性」とは、子どもが主体的に遊びを展開できる生活が存在しているかということ。保育者はその生活を支えるために、共同体のなかでの協働的な実践者[*1]として存在しているかという視点である[*2]。

エピソード

「森の絵を描こう」[9]

　4歳児の保育室。保育室には大きな白い紙が敷かれ、保育者が大きな木を一本描き出した。みんなで森の絵を描こうとしているようである。「森にはなにがいるかなぁ」と保育者が声をかけながら、子どもたちと一緒に考える。「くりがあるよ、くり」という子どものつぶやきから、くりを描いていく保育者。「チクッとするから気をつけて」「もう大丈夫だよ、てぶくろしたから」「せんせい、ドングリがかりになる」「おさるがひろって食べるとさ」。こうした、保育者と子ども

*1
　子どもたちが毎日遊んだり生活したりする場所にいる仲間を「共同体」と呼ぶ。その仲間と、遊びや生活をよりよくするために、一緒に考えたり悩んだり工夫したりする姿を「協働的」と呼ぶ。
　保育者も、子どもと共に遊びや生活をよりよくするための一人として存在する存在でなければならない。このような保育者の存在を「協働的な実践者」という。

*2
　第5章（p.77）で学んだ保育者のさまざまな役割（「理解者としての保育者」「共同作業者としての保育者」「モデルとしての保育者」「援助者としての保育者」「安全基地としての保育者」）を思い出そう。

たちとの会話や歌をくり返しながら、川や木、ドングリやくりの実、クワガタや
おさる等の生き物を、保育者に誘われる
ように子どもたちも紙いっぱいに描いて
いく。最初２、３人しかいなかった子ど
もたちも、楽しそうな雰囲気に誘われ、
どんどん増えていった。

（提供：岩波映像株式会社）

　このエピソードは、保育者が子どもたちと一緒に楽しく、森の絵を描く活
動である。「楽しく」という子どもの姿が大切で、ほかにやりたいことがあ
るのに我慢して絵を描いているのではなく、自発的に活動にのめり込んでい
く姿が印象的だ。保育者は、「描きなさい」と絵を描くことを子どもに強要
していない。あくまでも子どもみずからが絵を描くことに「心が動く」瞬間
を待っている。

　といっても、子どもが描き出すのをただ待っているのではない。まず、大
きな紙を床に敷きつめるという環境構成がなされている。さらに、保育者自
身が絵を描くことを心から楽しみ、その思いを全身で表現する援助が展開さ
れている。こうした魅力的な環境構成や援助を行う保育者は、指導者という
よりもむしろ、遊びを展開する生活者といってもいいだろう。

　また、森のイメージが共有できるように、声かけをしたり歌を歌ったりす
るなど遊びに物語性をもたせ、保育者のねらいを明確にして遊び込んでいる。
さらに、どんどん集まってきた子ども同士が、保育者の指示にしたがって描
くのではなく、共有したイメージをもとに、関わり合いながら森の絵を描い
ている。

　このように、子どもが主体的に遊びを展開できる生活が存在し、保育者は
その生活を支えている。子どもたちと共に遊びをつくり出す立ち位置に保育
者が存在する、すなわち「生活性」があることで、子どもの遊びのなかの学
びは充実してくるのである。

② 保育者の立ち位置を考える

　「生活性」は、保育者の立ち位置が重要となる。先ほどのエピソードでも、
保育者は絵を描かなければならないという指示をしていない。保育者みずか
らが絵を描く遊びを楽しんでいる。子どもの遊びが営まれている共同体のな

かで、遊びを楽しむ生活者としての立ち位置に保育者はいる。一緒に遊びを展開しながら、さらにおもしろく充実するように考えたり教えたりすることをためらわない子どもと同じ視座[*3]といってもいいだろう。保育者と共働することによって、子どもは躍動感を高め、さらに遊びをおもしろくしようと、子ども同士が協働的な関係を構築していく（図8－3の左図）。

ところが、「作品展に出す絵を描かせなければ」とか「壁面をそろそろつくりかえなければ」など、保育者の都合や価値観から保育が出発し、子どもの生活のなかには存在しなかったものがこつぜんと姿をあらわすとどうであろう。この保育の展開には、子どもの思いを受け止め、支えていく保育者は存在しない。子どもの思いは外に追いやられ、描き上がった絵や整然と飾られた壁面という結果だけが求められる。

このような保育者の立ち位置は、共同体のなかではなく、その外側にある。保育者は外から指示をするか、もしくは傍観者となってしまうかどちらかである。こうした「生活性」が見られない状態では、子どもの躍動的な「心が動く」や、主体的に遊びを「くり返す」プロセス、すなわち「学び」は期待できない。子どもの生活が営まれる共同体の外から、保育者の都合や価値観を子どもに実現させようとする指示的な立場[*4]に立ってしまうと、保育者の指示どおりに活動することができたかが子どもにとっては気になってくる。「先生、これでいいですか」「次はどうしたらいいのですか」という保育者と子どもの一対一のやりとりがあちらこちらで起こり、子ども同士の協働がみられなくなってくる（図8－3の右図）。

つまり、保育者が生活者として存在しない（共同体のなかで協働的な実践

*3
この視座は「一人称的立場」であるとも言える。

*4
先の「一人称立場」に対応させて、この立ち位置は三人称的立場であるとも言える。

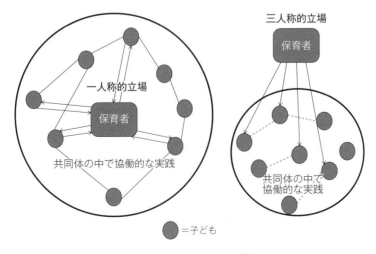

図8－3　保育者の立ち位置

者でない）場合、保育者からの指示的な要素が増え、子どもはそれに応える
だけの関係となり、子ども同士の関わりが希薄になる。

　一方、保育者が生活者として存在する（共同体のなかで協働的な実践者で
ある）場合、環境の価値や遊びのおもしろさを保育者も共有し、保育者の刺
激や示唆などから、子ども同士の関係が緊密・活発になり学びが深まってく
る傾向にある。

③ 保育者の課題

　「保育者が整えた環境に対し、挑戦しようとする意欲は育ってきているが、
子どもがみずから遊びを広げたり、仲間と一緒に遊びを進め楽しさを味わっ
たりするという面で課題を感じている」という声を保育の現場で耳にするこ
とがある。魅力のある環境であれば、子どもは心を動かすであろう。しかし、ふ
だんから子どもの生活を大切にしないで、その外側に立ち、一方向的な指示や、
傍観者となって放任状態の保育者であることに慣れてしまうと、子どもたち
はどうなるであろう。子どもたちは、協働的な活動の経験が少なく、どのように
遊びを深めたり関わったりしたらいいのか戸惑うのは当然のことである。

第3節　学びを充実させるチェックシートの活用

1 ｜ 「学び」のチェックシート

　学びを充実させる視点として、「多様性」と「生活性」をあげて解説して
きた。保育者が常に自分の保育を振り返り、遊びのなかに「学び」が充実し
ているかどうかを点検することはとても大切である。そこで、保育者みずか
らが簡単に日々の保育を振り返るのに便利なチェックシートを紹介したい
（表8－1）。「多様性」と「生活性」の視点から、15の項目を設定したものである。

　この「学び」のチェックシートは、毎日簡単に保育を振り返ることができ
るように工夫されている。保育の終了後、各項目を指標として振り返りを行
い、できていれば5で、できていなければ1の項目にチェックをつける。何
点をつけるかについては、保育者自身の感覚でよい。

　チェックを継続的に行うことで、日々の保育における学びの充実を意識す
ることができる。また、集まった結果を長いスパンでみることによって、ふ
だんの保育はもちろん、行事などの取り組みにおいて、学びが充実していた
かどうかがみえてくる。すなわち、保育者自身の資質の向上にもつながる。

表8－1　「学び」のチェックシート

「学び」のチェックシート	5	4	3	2	1
● 環境の多様性について					
①みずから環境に働きかけて、遊びを学ぶことができる。					
②一人一人がやりたいことを実現できる環境となっている。					
③用具・用材は子どもが必要なものを使うことができる。					
④同じ遊びでも、子どものいろいろな姿や遊び方がみられる。					
● 援助の多様性について					
⑤子どもが選んだやり方を尊重し、遊びを援助している。					
⑥いろいろな方法を試すことができる場と時間を構成している。					
⑦表出する子どもの姿だけでなく、子どもの行為の意味を探っている。					
⑧子どもの思いに寄り添うための、多様な道筋や援助方法を用意している。					
● 生活性について					
⑨絵を描いたりつくったりするなど、遊びの過程を子ども自身が楽しんでいる。					
⑩保育者自身が子どもの遊びのおもしろさを感じ楽しんでいる。					
⑪子どもの園生活に連続性と系統性があり、脱文脈化された断片的なものでない。					
⑫「先生〇〇していい?」という子どもの問いかけがほとんどない。					
⑬子どもが判断したり考えたりする機会を大切にしている。					
⑭何事にも子どもみずからが挑戦してみようとする風土がある。					
⑮行事は子どもの生活の延長線上であり、行事のための生活となっていない。					

　たとえば、運動会や作品展、生活発表会（お楽しみ会）に向けた取り組みを、この「学び」のチェックシートを活用してみると、「学び」の充実度が極端に低くなってしまうことが多い。行事に向かう取り組みにおいて、「心が動く」段階であるはずなのに、限定的な環境しか出会うことを許されず、することがそれしかないことを前提にした援助が行われる。さらに、「くり返す」段階でも、みずからが選ぶことのできる役割や場面がほとんどなく、遊ぶ方法も手段も一定の価値観（作品づくり、整った演技など）をめざすことが求められる。つまり、一定の成果や結果が求められ、過程よりも結果が大切にされる。さらに、日常の遊びは中断され、保育者は一定の価値観を実現するために三人称的立場で子どもの前に立つようになる。すると、子どもと共に生活する共同体のなかでの協働的な実践者としての姿は消えてしまう。「多様性」と「生活性」が失われると、子どもの「学び」を滞らせる結果となってしまう。

2 | 「ごっこ」の世界観を意識する

　行事だけではない。日常の保育においてもこうしたチェックシートを大いに活用して、子どもの学びの充実を図りたい。

　子どもたちの遊びの世界には、「ごっこ」というものがある。たとえば、「リレー」と「リレーごっこ」の違いはどこにあるのだろうか。

エピソード

「リレーごっこがしたい！」

　隣の小学校の運動場では、体育の授業でリレーが行われている。その様子を5歳児が見ていた。しばらくすると、リレーを自分たちでもやってみたくなった様子で、その際に使われていたリレーバトン（筒状のもの）を探していた。あいにく園にはリングバトン（丸いもの）しかなく、そのことを伝えても自分たちで探すのをやめない。しばらくすると、「あったぁ！」という叫び声と共に、2人の手にはなにやらバトンらしきモノが握られ、園庭の方に走ってきた。よく見ると、2人の手に握られていたのは「すりこぎ」と「おたま」であった。

　このバトンでリレーが始まった。チームの人数はばらばら、引かれたラインはくねくね、かなり差がついてしまってもラインを飛び越して追いついたり、終わりなくどこまでも展開されたりと、不思議なエンドレスリレーである。ルールや約束もないリレーだったが、何回もくり返して遊び込んでいくうちに、チームの人数をそろえたり、ラインを踏まないなどの約束がしだいに生まれた。こうしてリレーごっこは続けられた。

　このエピソードは「リレー」ではなく「リレーごっこ」である。「リレー」は、競技のルールにしたがい、タイムや順位を競うものである。言い換えると、形式や手順・方法が決まっていて、その通りに実現していくことになる。もし、保育においてリレーを実施することになると、決められたルールや約束にしたがわなければならなくなるため、援助や環境においても子どもたちが選択したり考えたりできる「多様性」は著しく低くなる。

　また、保育者はルールの定着を子どもたちにさせる必要があり、しかも過程（楽しく遊ぶ）よりも結果（リレーが失敗なくできる）を重視してしまうことになるため、保育者と子どもの関係など「生活性」も低くなってしまう。

　「リレーごっこ」は、エピソードにもあるように、小学生がリレーをしているのに心が動き、見よう見まねで始めたものである。最初は約束やルールなど何もない状態ではあったが、何回もくり返す過程で、うまく遊べるように、楽しくなるように子どもたちなりのルールが確立していった。この過程には、子どもたちが自分たちで選択できる環境や、子どもが選んだことを支えていく援助など「多様性」が存在する。また、ルールや約束をつくる過程で、保育者も生活者としての立ち位置で、共同体のなかでの協働的な実践を行う「生活性」も存在する。

　このように、「ごっこ」の世界観には、子どもの学びを充実させる「多様性」と「生活性」がふんだんに存在するのである。ふだんの保育実践においても、こうした「ごっこ」の世界観を意識するとよいだろう。同時に、「学び」のチェックシートを有効に活用し、遊びのなかに学びが充実する保育の実践と、子どもの学びを支えることができる保育者自身の資質の向上をめざしてほしい。

●引用文献●
1）清水えみ子『幼稚園からお母さまへ』文化服装学院出版局　1969年　p.26
2）文部科学省『幼稚園教育要領解説』フレーベル館　2018年　p.107
3）厚生労働省『保育所保育指針解説』フレーベル館　2018年　p.15
4）内閣府・文部科学省・厚生労働省『幼保連携型認定こども園教育・保育要領解説』フレーベル館　2018年　p.99
5）文部科学省『幼稚園教育要領解説』フレーベル館　2018年　p.29
6）厚生労働省『保育所保育指針解説』フレーベル館　2018年　p.64
7）内閣府・文部科学省・厚生労働省『幼保連携型認定こども園教育・保育要領解説』フレーベル館　2018年　p.29
8）文部科学省特別選定DVD『3年間の保育記録－3歳児編前・後半－①よりどころを求めて』岩波映像株式会社　2004年に収録された映像から筆者が事例としてまとめたもの。画像はその事例の場面のもの。
9）文部科学省特別選定DVD『3年間の保育記録－4・5歳児編－③先生とともに』岩波映像株式会社　2004年に収録された映像から筆者が事例としてまとめたもの。画像はその事例の場面のもの。

●参考文献●
西川正晃『学級通信で綴る四歳児の十二か月－幼児教育の学びと援助－』明治図書　2008年
西川正晃・久保田智裕『出会いの「ポイント」を起点とした学びのある保育の醸成』第64回日本保育学会ポスター発表　日本保育学会　2011年
西川正晃『多様性と生活性を視点にした「学びのスケール」の概念と構造』第66回日本保育学会ポスター発表　日本保育学会　2013年

Column ⑧

お城博士に聞きに行こう！

保育園にじのおうち
顧問　大橋美智子

....

【卒園したAくんが教えてくれた】

　秋の遠足に隣り町の城山に行くことになった5歳児の子どもたち。「お城」といえば小学2年生のAくんのことが思い出されます。Aくんはとにかく「日本のお城」が大好きで、日本国中の大きなお城はもちろんのこと、あまり名前も知られていない小さなお城や城跡のこともとてもよく知っています。どこのお城は誰がつくったとか、石垣はこういう積み方をしているとか、ちょっとした「お城博士」です。そんなAくんのことは小さいクラスの子どもたちからも「すごいお兄ちゃん」として知られていました。

　Aくんが卒園して2年目になる秋のことです。遠足の行き先について子どもたちに相談をもちかけたとき「お城に行こう」ということになったので、「覚えているかな？」と半信半疑な思いでAくんのことを話題にあげました。すると子どもたちから「お城に行くんだったら、Aくんにいろいろと教えてもらいたい」という声がたくさん出てきたのです。

　早速、小学校に電話をし、5歳児の子どもたちにAくんから隣町のお城について教えてもらえないか頼んでみました。「わかりました。Aくんに聞いてみますね」ということで、担任教師はAくんやAくんのお家の方に事情を話してくれました。そして後日、長休みの時間を利用してAくんに話を聞きに行くことができたのです。

　担任教師から話を聞き、家に帰ってからそのお城についてもう一度、詳しく調べてくれたAくん。当日はとても丁寧に説明してくれ、5歳児の子どもたちからの質問にもちゃんと答えてくれました。堂々として、しっかり話すAくんの姿に5歳児の子どもたちはもちろんのこと、保育者もとても感動した時間でした。

【小学校との連携のかたちはさまざま】

　これまでも、子どもたちの遊びのなかで「これについて誰か教えてくれないかな」ということがあったとき、「そういえば、卒園したお兄ちゃん（お姉ちゃん）がこのことをよく知っていたな」と思い出して小学校に聞きに行ったり、音楽会に招待を受けた5歳児が、早速、楽器をつくり、お返しに音楽の時間に演奏させてもらい

に行ったことがあります（小学校の先生もクラスの子どもたちにきちんとつないでくださり、時間割を工夫したり長休みを利用したりしながら、時間を取ってくださるのです）。また、卒園していった子どもたちが育てていたカブト虫の幼虫の世話を引き継いだ5歳児が成虫にかえったことを知らせたくて手紙を書き小学校へ届けたりしたこともあります。

　"小学校との連携"というと、一緒に何かをするといったイベント的な交流が思い起こされます。しかし、今回のように、卒園していった子どもたちの得意なことやもっている力を今の保育所・幼稚園の子どもたちに伝えてもらったり、園の活動のなかで助けてもらうことは、とても意義が深いと思います。

【卒園してもあこがれは続く】

　このことは、園での生活がいろいろな年齢の子どもたちが自然に触れ合いながら夢中になって遊ぶ毎日の積み重ねであったからであり、その生活のなかで大きいクラスの子どもたちに"あこがれ"をもち、「自分もあんなふうになりたい」という願いや意欲につながっていったからだと思います。そしてそれが、園のなかだけに終わるのではなく、たとえ卒園しても「あのお兄ちゃん（お姉ちゃん）なら、きっと教えてもらえる」という思いへと広がり、小学校へ出向いていくきっかけになるのです。さらに、難しい状況のなかでも時間の工夫をしながら、子ども同士をつなげていくという小学校教師との連携のもとで、園児たちは"小学校"という場の空気に触れることができ親近感をもつとともに、小学校の生活にも関心をもつことになります。

　小学校のことが少しでもわかっている、知っている、また、小学校には園で一緒に遊んだりいろいろなことを教えてくれたお兄さんたちがいるということを実感できるのは新しい環境への不安を随分とやわらげることになります。そして、そのような連携こそが、小学校への滑らかな接続には本当に必要な取り組みなのだと思います。

第9章

保育者の専門職的成長
― 人が人を教えることの意味 ―

「保育は子ども理解に始まる」と言われる。子どもを理解する力は、保育者の専門性のとくに重要な礎（いしずえ）の一つだと言えよう。しかし、言葉で十分にコミュニケーションが取れない子どもを理解するのはそれほど簡単ではない。子どもを理解するとはどういうことか、エピソードをとおして考えてみよう。

エピソード

子どもの毎日は、小さなことが何回もくり返し起こってくる。幼い子どもと、母親が、その中に含まれる大切なことに気づくように、何回もくり返されるのだろうか。

1月15日、成人の日のことである。私はこの日は朝寝をしようと楽しみにしていた。7歳を頭に4人の子どもたちは、この日も早くから起き出して騒ぎ始める。私はふとんにもぐって、頑張って寝ていたけれど、トントン、トントン頭を叩く（たた）ので、仕方なしに首を出してみた。3歳のA子が、足で私の頭を叩いている。これを見ると、自分でも驚くほどの怒りの言葉が、とびだしてきた。

「叩かないでよ、足で叩くなんてひどい…。足で小突いて起こされるなんて…。」（中略）　私はこのことが忘れられなくて、ときどき思い出し、思いめぐらした。なぜ私はあんなに怒ったのだろう。眠かったこともあるが、足で叩かれたからだ。だがなぜ、A子は足で叩いたのだろう。手で起こすのでもなく、以前のようにうるさくいうのでもなく。

ここまで考えると、この頃1日おきに、小さい妹をお風呂に入れるときのことが思い浮かんできた。祖母が手伝いにきて、温かい日中、居間にベビーバスを出してお湯を入れる。小さいお姉さんのA子とP子はいつも見物しているが、P子（1歳）は、自分もやりたくて、ちょっとでも手を離すととびこみそうなので、大人が膝に抱いている。A子は1人で見ていて、手を出したりすることはない。手は出さないけれど、足がベビーバスにふれていて、足の先を動かし続けている。

出典：津守房江「足で叩く」『育てるものの目』[1]（ルビは引用者による）

第1節 保育への姿勢と専門性の深化 ―子どもの育ちを見つめる―

冒頭のエピソードは、母親であり保育者でもある津守房江さんの文章「足で叩（たた）く」の一節である。あなたは、この時のA子の気持ちはどのようなものだったと考えるだろうか。また、この母親のように眠っている時に子どもに足でたたいて起こされたとしたら、その子どもにどのように対応するだろうか。

1 保育実践の基礎としての子ども理解

① うわべからの理解

眠っている人の頭を足で小突いて起こそうとする。これは、行儀が悪いだけでなく、相手に対してとても無礼な振る舞いでもあり、それに対して筆者が激しく怒ってしまったのも無理はない（なお、保育者でもある筆者は、その場ですぐに冷静さを取り戻し、怒りをおさめてA子に対応している）。

怒りにまかせてA子を叱るのは良くないとしても、A子の振る舞いは決して褒められたものではない以上、ことの良し悪しをしっかりと教え諭（さと）す必要がある。多くの読者はこのように考えたのではないだろうか。

こうした対応は、保育者として、決して間違いではない。子どもの年齢や理解力に応じた諭し方は、保育者が身につけるべき専門的な技術の一つでもある[*1]。

しかし、この場合の保育者の対応の基準は、あくまでも社会的なルールやマナーであり、必ずしも十分にA子の気持ちに寄り添っているというわけではない。このレベルでのA子理解は、たとえば「人を尊重する気持ちがない」、「人を思いやる気持ちがない」といったものになるだろうか。これでは、子どものうわべの振る舞いと社会的に望ましいと考えられている振る舞いを照らし合わせて、ある種の裁定（判定）を行っているにすぎない。

② 気持ちの理解

それでは、筆者はA子をどのように理解し、どのように応じたのだろうか。

A子の気持ちを理解するためのヒントは、思わぬ出来事をとおしてやって来た。この出来事をきっかけに、筆者のA子理解は大きく転回する。

*1
たとえば、子どもがまだ小さければ、難しい説明はさけて手短に諭したり、子どもが十分に大きければ、相手の気持ちになって考えるように諭したりすることなどが考えられる。なお、保育者の専門的な知識・技術については、たとえば保育所保育指針解説（第1章 総則）において、次の6つに整理されている。①子どもの発達を援助する知識及び技術、②生活援助の知識及び技術、③保育の環境を構成していく知識及び技術、④様々な遊びを豊かに展開していくための知識及び技術、⑤関係構築の知識及び技術、⑥保護者等への相談、助言に関する知識及び技術。

いちばん下の妹をベビーバスに入れている時のことだ。まだ1歳のP子はじっとしていることができず、ベビーバスのなかに飛び込みかねない様子なのに比べて、さすがに3歳のA子は手を出すこともなく、一人で静かに入浴の様子を見ていることができる。P子に比べてA子はずっと大人なのである。しかし、「手は出さないけれど、足がベビーバスにふれていて、足の先を動かし続けている」。そう、A子もベビーバスで遊びたいのである。その気持ちが半ば無意識のうちに足先にあらわれているのである。

一般的な発達過程を考えれば、3歳のA子は、自己抑制が十分に育つ前の段階にある。いちばん下の妹の入浴の邪魔をしてはいけないことは頭ではよくわかっている。しかし、自分もベビーバスで遊びたいという気持ちをまだ完全には抑えられないのである。その抑えられない気持ちが足先にあらわれているのだ。

③ 足先にこめた思い

今やあなたにも、休日に母親を足で起こそうとしたA子の気持ちが理解できたのではないだろうか。A子はお母さんに起きてほしかったにちがいない。けれども、せっかくの休日に朝早くからお母さんを起こすのは申し訳ない。こうした2つの気持ちがせめぎ合ったすえに、起きてほしい気持ちが少しだけ足先にあらわれてしまったのにちがいない。だから、足で小突くというA子の振る舞いは、不作法や無礼どころか、むしろ芽生え始めた自己抑制の力を使いこなそうとがんばっている姿でもあり、母親に休日くらいはゆっくり寝てほしいという思いやりの（拙いながらの）あらわれでもあるのである。

---

2 | 子ども理解をどう深めるか

それでは、どうすればこのエピソードの筆者のような子ども理解に到達できるのだろうか。これはそう簡単なことではない。まずは、子ども理解がなぜそう簡単ではないのか、その背景を考えてみよう。

教育学者の佐藤学は、教職という仕事を、再帰性（reflexivity）、不確実性（uncertainty）、無境界性（borderlessness）という3つの性格で特徴づけている[2]。これらの特徴は、保育という仕事、さらには子育てにもそのままあてはまる。これらの特徴を、A子のエピソードや保育に引きつけて説明してみよう。

① 保育実践の再帰性 —ブーメランのように跳ね返ってくる—

再帰性とは、子どもに対する保育の実践が、いつも保育者自身に舞い戻ってきて、みずからのあり方の問い直しを迫るということである。

冒頭のエピソードは、A子と母親との関係のなかでしか起きえない出来事である。だから、「なぜA子は足で頭を小突いたのか」という問いは、いつでもエピソードの筆者自身のあり方への問いに転化する可能性がある。たとえば、「私の子育て／保育は間違っているのかしら？」というぐあいに。

実際、筆者も「なぜ私はあんなに怒ったのだろう」と自問している。A子の不作法の問題が、いつのまにか筆者の親としてのあり方（責任）の問題に姿を変えてしまうのである[*2]。

② 保育実践の不確実性 —いつも正しい唯一の正解はない—

不確実性とは、どんな保育理論や方法でも、その正しさがいつも保証されているわけではないということである。

エピソードでは、筆者は足で頭を小突いたA子を遊びたいのを我慢していると理解した。では、たとえば読者のみなさんが、保育所の午睡の時間に、早く目覚めて遊びたがっている子どもに足で小突かれたとしたら、どう理解するだろうか。ある子どもの気持ちの理解が、別の子どもの気持ちの理解にもあてはまるとはかぎらないし、ある保育者がやってうまくいった方法が、いつもうまくいくとはかぎらない。このように保育の理論や方法に絶対確実なものはなく、その実践にはいつも不確実さがつきまとう。

こうした不確実性から逃れて安心を得るために、特定の権威に追随したり、身内で徒党を組んだり、あるいは理論を軽視して情念主義やマニュアル主義に陥ってしまうということも生じてくる、と佐藤は指摘している。

保育者が特定の保育理論を崇拝して判断を委ねてしまったり、母親が育児マニュアルに固執してしまったりする背景には、保育実践の不確実性があるのである。

③ 保育実践の無境界性 —どこからどこまでという区切りがない—

無境界性とは、保育の仕事を、時間的にも空間的にも明確に限定することが難しいということである。

A子のエピソードを振り返ってみると、それはある祝日の出来事として明確な区切りをつけることができるものではなく、時間的にも空間的にも離れたベビーバスの一件へとつながるものであった。同じように、保育者の日常的な実践も、また実践にともなう責任も、ここからここまでというはっきり

*2
　佐藤は、この再帰性が「教師の独善と閉鎖性」を生み出しているという。保育の営みにおいても、子どもの問題が自分へと再帰してしまうと、保育者はそれを自分の問題として一人で抱え込むことにもなりかねない。先生であれば「学級王国」に、母親であれば「密室のなかでの子育て」になりかねないのである。

した境界線を引くことが難しいものである。たとえば、子どもの食べ物の好き嫌いをなくすのは保育者の仕事だろうか、家庭の仕事だろうか。降園後の子どもの生活習慣、たとえば家庭での夜ふかしの習慣を正していくのは、保育者の仕事だろうか、それとも家庭の仕事だろうか。保育者の仕事と家庭の仕事の境界線が、あいまいな例はいくらでもあるだろう。このような無境界性は、こうした仕事に携わる者の多忙さ、職業的な専門性の空洞化、職業的アイデンティティの危機をもたらす危険性をもっていると佐藤はいう。

　保育者の仕事はその境界線が明確でないにもかかわらず、子どもの生活にも広くかかわる必要があるため、仕事内容が多方面に広がりがちである。そのなかで、保育者の本来の役割とは何かということも見失われるおそれがある。

　以上のように、保育実践のいくつかの特徴によって、保育者はみずからの専門性の深化とはまったく異なる方向、たとえば独善的な保育に閉じこもることになってしまったり、マニュアル主義の保育に流されてしまったり、あるいはおびただしい職務のなかでみずからの専門性を見失ったりする危険に常にさらされている。保育者としての専門性を深めていく道のりの途中に、みずからを見失いやすい落とし穴があることを自覚しておくことは、保育者が専門職として成長し続けるためには不可欠である[3]。

　それでは、こうした落とし穴を避けて、どのように子ども理解を深めていけばよいだろうか。もう一度、冒頭のエピソードを振り返ってみよう。

> 　子どもの毎日は、小さなことが何回もくり返し起こってくる。幼い子どもと、母親が、そのなかに含まれる大切なことに気づくように、何回もくり返されるのだろうか。

　たとえ思い違いをしたとしても、保育者が大切なことに気づくように、子どもとのやりとりは何回もくり返される。だから、失敗を恐れずに子どもに関わっていただきたい。保育者と子どもとの絆（きずな）に寄せる信頼が、みずからの専門性を深めていくための支えになってくれるにちがいない。

*3
　再帰性、不確実性、無境界性は必ずしもネガティブな面だけをもつわけではない。佐藤によれば、再帰性は反省的実践に、不確実性は教育実践の創造性に、無境界性は教育実践の総合性に通ずるものでもあり、専門性を深化させる契機ともなりうるものである。

第2節 生涯発達とキャリア形成

1 保育者の専門性と成長

① 保育の専門家とは

保育者は、養成校卒業などにより保育士または幼稚園教諭の資格・免許を取得した時点で、確かに制度的には専門職となる。また、保育現場に就職して働き始めると、その仕事の対価として確かに報酬（賃金）を得て職業人にはなる。しかし、それだけで専門家になったというわけではない。

ことに養成校での教育は、保育の専門家としての完成教育ではなく、多くは2〜4年間という限られた修業年限のなかで、保育現場で実際に必要な知識・技能などの基本事項を習得させているにすぎない。実際には、保育者は保育現場で働き始めてから、日常の業務や実践のなかで、実に多くのことを学んでいく。

② 成長に終わりはない

ところで、いかなる専門家も働きはじめの頃は新米である。すぐに仕事を完璧にできるはずもなく、次第に現場の営みのなかでもまれながら、徐々に業務を担える者として、実際には悩み、失敗しながら成長していく。また、ある時点で完成されるということもありえないため、真の専門家であるためには、絶えず成長し続けていかなければならない。成長しようと努力しない人は、どんどん専門性を低下させていく。優れた専門家になるためには、成長を求めての実行と、成長を楽しめるという姿勢が必要である。

とくに保育という仕事をライフワークにして真の専門家になることを望むのであれば、場合によっては一生涯かけて専門性を高め続け、成長しながらもさらなる高みやあるべき姿を追い求め続けていくことになるのである。そのため、「成長し続ける」ことや「高みやあるべき姿を追い求め続けていく」ことをも保育者の専門性を裏づける重要な側面ととらえていきたい。

2 ライフ・デザインからのキャリア・デザイン

一般的には、キャリアという言葉は、端的に「職業」または「仕事」や、「業績」「経歴」「能力」「進路」などをさして用いられているであろう[4]。

いずれにしても、保育者としてのキャリア・デザインを描いていくにあたっ

*4
キャリアについて、たとえばスーパー（Super, D.E.）は、「人々が生涯において追い求め、占めている地位、職務、業務の系列」と定義している。

て、まず大事なことは、自分自身のライフ・デザインを展望してからキャリア・デザインを考えていくという順序である。つまり、まずはどのような人生を送ろうか、どのように生きていきたいかを問い、加えて、たとえばどこで誰とどのような生活をしようかなども自分自身に先に問うことである。また、キャリア・デザインを描くにあたっては、自分自身が大切にしたいことを自問自答したり、時には客観的な自己分析などにより自分自身の強みや弱みなどをも把握しながら、よくよく自分自身を知ること（自己覚知）が必須である。

自分自身
とは…?

　なお、自分自身のキャリアにとって「大切なものや譲れないもの」をキャリア・アンカー*5と呼ぶ。すなわち、キャリアをデザインするには、みずからの譲れないものや価値観を見出すことが重要となる。

＊5
　シャイン(Schein, E.H.) によると、キャリア・アンカーはキャリア・デザインの方向性を安定させるという。したがって、まずはみずからの保育者としての職業におけるキャリア・アンカーに迫っていくことが大事であろう。

3 ｜ 保育者養成校におけるキャリア・デザイン

　キャリア・デザインは、その人がそれまで果たしてきた役割をつなげながら、現実的に展望していくものでもある。それまで果たしてきた役割をどのようにつないでいくか、その人なりの役割やつなぎ方がある。ふだんはそれほど突き詰めて考えていなくても、たとえば保育現場に初めて就職する時や、転機を考える時などの節目の部分においては、きちんとデザインしていく必要がある。そこで、保育者が専門職として成長していくにあたって、最初の大きな節目となる保育者養成校におけるキャリア・デザインにしぼって、現実的なポイントを考えてみたい。

① 保育のキャリア・デザイン

　保育のキャリア・デザインは、養成校での日々の保育に関する学びの内容や学習者の姿勢に大きく反映される。通常、養成校の学生にとっては、キャリア・デザインの初段階は就職活動と思うであろう。就職活動は、養成校の学生の多くが初めて社会に出て働く場を探す過程ではあるが、一方で保育者という専門職として成長の場を探していく過程でもある。そのため、最初の就職では、誰しもができれば自分にとって理想的な"良い保育現場"にめぐり会いたいと思うであろう。

　しかし、まずしなくてはならないことは、"良い保育現場"とはどのようなところをさすのか、そしてそれはどうやって見極められるようになるのか、

を問うことである。

　保育現場の本当の良し悪しを見極められるということは、保育現場の環境
や実践等の冷静な評価ができることにほかならない。また、「保育の質」に
ついて、その構造や構成要素を理解していることでもある。そうしたことが
可能になるには、一定の力量や保育の専門知識が必要ではあるが、就職して
研鑽を積んでからでないと形成されないというものでもない。評価する力は、
養成校での日常の学びに能動的に取り組むことで、学生でもある程度の素地
をつくることができるのである。

② 保育を見極める目をもつために

　そのためには、通常の授業や実習に受け身で取り組むのではなく、決めら
れた実習以外にボランティアなどにより、まずはみずから進んで保育現場の
実践に参画していくことが求められる。とおり一遍の見学や体験をして終わ
るのではなく、たとえば「保育環境」「子どもとの関わり」「職員同士の関係
性」「行事の企画や運営」など多様な切り口から、同じ場面や状況での保育
のありようについて比較し、考察してみるのである。

　こうした実践的な学びを続けていくと、徐々に保育現場のディティール
（細部）にこだわるようになっていくであろう。そうなればなるほど保育に
関するさまざまな理論の習熟度が問われるようになってくる。たとえば、保
育環境について検討するのであれば、文献などで保育評価のガイド[*6]を探
し、それをあてはめて考えてみると、新たな視点の発見やさらなる学びの深
まりが感じられるであろう。

*6
本書に掲載してい
るチェックシート
（p.120、133）も参
照のこと。

　このように、実践と理論とを行ったり来たりしながら学びつつ、研究的に
掘り下げていくことで、保育を見極める目、いわば保育の鑑識眼が養われて
いく。すなわち、これにより"良い保育現場"にめぐり会える可能性が高まっ
てくるのである。理想的な就職は、こうした能動的な日々の学びの結実とし
てあらわれる成果といっても過言ではない。養成校における保育の就職活動
は、保育に関する学びを深めていく過程であり、これからはこれらをより明
確に関係づけていく必要があると言えよう。

4 │ 保育者の自己研鑽

　みずからの能力を高めることを「自己研鑽」という。保育者の専門性を高
めることも、保育の質を向上させる努力も、自己研鑽の一つと言える。あな
たが実際に保育の現場に出たら、どのような自己研鑽の機会や方法があるか

をみてみよう。

　まずは、日々の保育記録による「振り返り」である。みずからの保育実践を振り返り、子どもの姿や遊びの様子、保育者自身の関わり方や環境構成が適切であったかどうか、今後どのようにしていきたいか等を記録し、翌日の保育に生かしていく（「省察」する）。大変な作業に見えるが、これを継続していくことが、翌日以降の保育の見通しにつながり、保育者の専門性や保育技術を高めるための有効な手段となるだろう。

＊7
　詳しくは第4章
（p.73）を参照。

　また、「保育カンファレンス」＊7を通して保育者間で「対話」する機会や時間を大切にすることも自己研鑽において必要不可欠である。日々の保育についての情報交換を密にすることで、保育者同士、共に考え、支え合う体制が生まれ、子ども一人一人を多角的に見ることができる。さらに、「園内研修」の一環として互いの保育を見あう「研究保育」も効果的な方法である。みずからの保育実践を振り返るのみならず、保育者間で互いの良いところを見て、学び、自分の保育に取り入れることができるため、保育の質を向上させる非常に良い機会となる。

　ここに出てきた省察や対話については、次節で詳しく解説する。

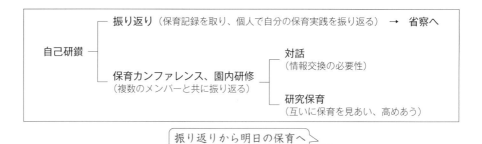

図9−1　保育の専門性を高めるために

---

5 ｜ 保育者のキャリア形成

① キャリアアップとキャリアパス

　一般的に、"キャリアアップ"とは、より高い専門的知識や能力を身につけること、または経歴を高くすること、もしくは高い地位や高給職への転職などを指す。また、キャリアアップとは、キャリアの要件に伴うコースや段階などの階層（キャリアラダー）を向上していくことでもある。

　また、キャリアアップに向けた仕組みが明確になったものを"キャリアパ

ス"と言うが、キャリアパスを明示することで目指すべきものがはっきりし、モチベーションのアップにもつながるともされている。その意味でキャリアパスとは、どのような職務にどのような立場で就くか、そのためにどのようなキャリアを積むのかを明示した"キャリアアップの道筋"でもある。

② キャリアアップ研修制度の創設

2016（平成28）年に閣議決定された【ニッポン一億総活躍プラン】の中で、保育士の処遇改善の方針について、「キャリアアップの仕組みを構築し、保育士としての技能・経験を積んだ職員について、現在4万円程度ある全産業の女性労働者との賃金差がなくなるよう、追加的な処遇改善を行う」ことが示された。

一般企業であれば、営業・人事部などの部署ごとに部長・課長・係長などのポストがあり、3年後、5年後…と目標とすべきポジションが設定しやすい組織構造になっている。しかし、保育者の役職は、園長（所長）と主任以外には選択肢があまりなく、他の業種に比べると希望のポジションにつけるチャンスも少ない。そのため、保育者の役職の幅を広げて昇進の機会を増やすと同時に、保育者としての専門性と評価を高めていくことを目的として、国は新たにキャリアアップ研修の仕組みを検討することとした。

厚生労働省は、有識者等で構成する『保育士のキャリアパスに係る研修体系等の構築に関する調査研究協力者会議』を設置し、同会議において保育士のキャリアパスを構築するための研修体系や研修実施体制について4回にわたって検討を重ね、2016（平成28）年12月に「調査研究協力者会議における議論の最終取りまとめ～保育士のキャリアパスに係る研修体系等の構築について～」を公表した。

そして、この検討結果を受けて、民間保育施設の保育士などを対象とし、一定の勤続年数があり都道府県等が実施するキャリアアップ研修の受講などの条件を満たした保育士が園内に新設する役職に就いた場合に、月額報酬に一定額が上乗せされるという、言わば国による保育士のキャリアパスの仕組みが整えられることとなった。

③ キャリアアップの仕組みの概要

2017（平成29）年4月1日に厚生労働省雇用均等・児童家庭局保育課長より「保育士等キャリアアップ研修の実施について」という通知が発出され、国により保育士のキャリアパスに係る研修体系等を構築し、保育士等の処遇改善に取り組む保育園等に対して、キャリアアップによる処遇改善に要する

費用を公定価格に上乗せするという制度が創設された。

　制度の概要は以下の通りである。

表9−1　キャリアアップ研修の内容

（1）研修分野及び対象者	研修は、専門分野別研修、マネジメント研修及び保育実践研修とし、それぞれの研修の対象者は次のとおりとする。	
	ア　専門分野別研修 ①乳児保育 ②幼児教育 ③障害児保育 ④食育・アレルギー対応 ⑤保健衛生・安全対策 ⑥保護者支援・子育て支援	保育所等（子ども・子育て支援法に基づく特定教育・保育施設及び特定地域型保育事業をいう。以下同じ。）の保育現場において、それぞれの専門分野に関してリーダー的な役割を担う者（当該役割を担うことが見込まれる者を含む。）
	イ　マネジメント研修	アの分野におけるリーダー的な役割を担う者としての経験があり、主任保育士の下でミドルリーダーの役割を担う者（当該役割を担うことが見込まれる者を含む。）
	ウ　保育実践研修	保育所等の保育現場における実習経験の少ない者（保育士試験合格者等）又は長期間、保育所等の保育現場で保育を行っていない者（潜在保育士等）
（2）研修内容	研修内容は、「分野別リーダー研修の内容」のとおりとし、「ねらい」欄及び「内容」欄に掲げる内容を満たしたものでなければならない。	
（3）研修時間	研修時間は、1分野15時間以上とする。	
（4）講師	研修の講師は、指定保育士養成施設の教員又は研修内容に関して、十分な知識及び経験を有すると都道府県知事が認める者とする。	
（5）実施方法	研修の実施にあたっては、講義形式のほか、演習やグループ討議等を組み合わせることにより、より円滑、かつ、主体的に受講者が知識や技能を修得できるよう、工夫することが望ましい。	

出典：厚生労働省「保育士等キャリアアップ研修の実施について」2017年

　これについて、保育所保育指針解説（第5章　職員の資質向上）では、「各都道府県では、保育士等キャリアアップ研修ガイドラインを踏まえ、職務内容に応じた専門性を図るための研修が整備される。中堅となった保育士等は、担当する業務によって、乳児保育、幼児教育、障害児保育、食育・アレルギー対応、保健衛生・安全対策、保護者支援・子育て支援などについて、その専門的な知識や技能を高めていくことが求められる」としている。さらに、「保育士等のキャリア形成の過程で、研修等による専門性の向上と、それに伴う職位・職責の向上とが併せて図られることは、保育士等が自らのキャリアパスについて見通しをもって働き続ける上でも重要であり、ひいては保育所全体の保育実践の質の向上にもつながるものである」とも述べている。

④ 今後の課題と期待

　キャリアアップ研修は8分野に分かれており、それぞれ1分野ごとに15時間以上の受講は、受講者にも研修運営側にもそれなりの労苦や負担を伴う。また、研修の内容や運営の方法、キャリアラダーの構成、さらには上乗せの報酬額などについては、これからさらに検討を重ねて改善を図っていく必要があるであろう。

　しかし、それぞれの分野を専門的に学ぶことによって、従来よりも保持するスキルが明確に担保されるようになり、仕事の幅が広がることになる。そして、力量が認定された保育者が役職につけるようになったり、専門性の保有に伴って報酬も上がるという制度の原型が設けられたのである。

　保育者の処遇と専門性の向上をセットで図る取り組みが制度化されたことで、保育専門職としての成長へのモチベーションアップにもつながること、学びにより保育者の社会的認知や評価も変化していくこと、そしてなにより保育実践の質が真に向上していくことを期待したい。

第3節　保育の省察

1　保育の専門性と省察

　まず、"日本のフレーベル"と称される倉橋惣三の次の一文をじっくり読んでほしい。

「子どもらが帰った後」倉橋惣三

　子どもが帰った後、その日の保育が済んで、まずほっとするのはひと時。

　大切なのはそれからである。

　子どもといっしょにいる間は、自分のしていることを反省したり、考えたりする暇はない。子どもの中に入り込みきって、心に一寸の隙間も残らない。ただ一心不乱。

　子どもが帰った後で、朝からのいろいろのことが思いかえされる。われながら、はっと顔の赤くなることもある。しまったと急に冷汗の流れ出ることもある。ああ済まないことをしたと、その子の顔が見えてくることもある。一体保育は……、一体私は……。とまで思い込まれることも屡々である。

　大切なのは此の時である。此の反省を重ねている人だけが、真の保育者になれる。翌日は一歩進んだ保育者として、再び子どもの方へ入り込んでいけるから。[3]

　保育者の専門性に到達点はなく、またどこかに熟達者としての完成型があ

るわけではない。また、なにより専門家である以上、保育者は常に成長し続けなくてはならない。専門家は、一歩その世界に足を踏み入れたからには、新人であろうとベテランであろうと、絶えず研鑽を積み続け、みずからの力量をみずから高め続けることにより、その位置にあり続け得るのである。

　それでは、保育の専門家たる者として、どのように学び、みずからの力量を高め続けていけばよいのであろうか。とりわけ重要なことは、日常の保育実践のさなかにおいて、省察（reflection）を絶えず行うことである。

　保育者が成長するには経験を重ねるだけでは不可能であるが、省察により自分の理解の仕方の不十分な点や、実践中には気づかなかった小さな行為の意味に気がついたりして、それが今までの理解を変えたりすることがある。専門家としての保育者は、実践をたんに振り返るだけではなく、絶えず省察的態度をもって、日常の保育に臨む姿勢が求められる。

2 ｜ 津守真による省察

省察について、津守真（つもりまこと）の発言をあげてみよう。

> 「省察するという保育者の精神作業なくして、保育の実践はない」[4]

　津守による保育の省察とは、保育の終了後や午睡時など保育以外の時間に行う形式的な振り返りをさすのではない。通常の〈振り返り〉や〈反省〉は、ややもすると指導計画やねらいに対する反省や評価のみに傾きがちであるが、津守による省察は、たんに保育目標に準拠して評価することや、翌日の保育の計画を立てるといった類のものにとどまるものではない。「実践しつつ考え、考えつつ保育」[5]をするというところに人間の生の営みとしての保育の意味があるため、それらは分かちがたいものとしているのである。

　また、津守は次のようにも述べている。

> 「何度も同じ場面やできごとに立ちもどる間に次第に、最初の言語化や意識に対する懐疑（かいぎ）が生じる。すなわち、最初自ら思いもし、人に話しもしていたことばは、体感でとらえた真の課題とは合致していないのではないかという疑いである。ここにおいて、もう一度、言語化され、意識化される以前の最初のあの何とも言いあらわしがたい実践のさ中の体感に立ちもどる。」[6]

　保育者が保育の実践をしている時には、身体的な行為として直観的に子どもに対応していることがほとんどである。したがって、一日が終わった時こそ、津守の言う省察が保育者には求められる。その省察とは、自分の体験した行為について、身体でとらえられた感覚まで含めて思い起こしながら、実践を頭のなかでし直してみる追体験や、身体的行為への振り返りによる思考により、新たな意味を織り成していく過程である。

　こうした省察が、保育者の成長には欠かせないのである。

3 | 省察と記録

　保育者は子どもとふれあう職業ではあるが、保育という現実は、不確定要素が多く、個別性が強く、一回性（二度とない）の営みに向き合う世界である。したがってマニュアル化を徹底できない世界なのである。しかしながら、これまで述べてきたように、保育者の成長には日常的な省察が欠かせず、それによる学びの継続が重要である。そのため、省察の材料として、日々の記録が不可欠となってくる。

　保育者が絶えず省察し、みずからの専門的力量を形成していくためには、まず、保育の記録を取り、そこから子どもの行為の意味や経験している内容、そして心も動きや育ちを読み取り、自分自身の関わりなどを深く振り返ることが求められる。

　保育の専門家になるには、日々の仕事にただ従事していれば（ただ経験を重ねれば）なれるというものではない。保育者としての成長に向けて、工夫と努力の実行が必要である。それは、日々の保育の営みについて記録を取って、振り返り、見直し、今日の保育を検討し直すところから始め、それを続けるのである。そして、この一連のひと時を日々の保育者生活の時間のなかに組み入れることが重要である。たとえ毎日短い時間でも、振り返りと今後の見通しを立てる習慣をつけること、すなわち記録による省察を日常化することが保育者の専門性を確立するための基本となる。さらに、そうした省察を支え発展させるためにも、園の内外のさまざまな学びに積極的に参加して、日々の省察とのつながりをみずから探求してみることが望ましい。

4 | 対話と省察

　省察をくり返すなかで、保育者は思い浮かぶ子どもの姿などと自己内で対話し、自分の保育の見方の枠組みを広げていく。

このことに加えて、保育者がさらに成長し育つためには、個々の出来事を同僚同士で語る（語り合う）ことをとおして、協同的に省察する（し合う）ことが不可欠である。同僚と共に、省察をし、対話を重ねていくなかで、子どもの見方や保育のとらえ方が変わり、気づきが重ね合わされてくる。そのなかで、新たな視点を得られるようになったり、視野を広げられるようになったりしていくのである。

保育者の成長のためには、多様な他者に対して自身の気持ちが開かれて、それぞれの見方や行為を互いに受け取り合いながら、自分の見方や行為を協同的に省察できることが大切である。そのためには、共感的な関わり合いを支える場を築いていくことが必要となり、それを実際化するのが「対話」[*8]である。

保育者が成長していくために必要な知との出会いは、実際の子どもとの関わりや出来事のなかに埋め込まれている。そして、省察と対話という状況に自分の身を委ねていくことにより、実践の知が蓄積されていく。そのような学びのスタイルが、今、保育現場に求められているのである。

5 ｜ 省察的実践家

最後に、専門職を語る際のキーワードの一つである「省察的実践家」にふれておきたい。

保育の世界においては不確実で予期しがたい状況に身をおくことが日常的である。保育の優れた専門家は困難な状況に遭遇した時には、常識にとらわれず柔軟な発想からも出来事の意味を問い直している。そして、徹底的に現実と向き合い、新たな知を得て、専門性を高め、みずからを成長させているのである。

ドナルド・ショーン（Schön, D.A.）は、専門家をメジャー（たとえば医者や弁護士など）な専門家と、マイナーな専門家（たとえば教師や保育専門職など）に分け、前者を「技術的熟達者」（technical expert）と呼び、後者を「省察的実践家」（reflective practitioner）と呼んだ[*9]。

技術的熟達者は、いわば実証科学を基盤として形成された専門家であり、技術的合理性（Technical Rationality）を原理とし、その熟達と習得が専門性の中身を構成するとしている。

それに対して、省察的実践家は、不確実で予測しがたい問題状況との対話を絶えず行い、経験から蓄積した実践知を用いて探求し続け、省察（reflection）を軸にして力量を形成するとしている。そうだとするならば、

*8
対話（ダイアローグ）とは、直に向かい合って話をし、何かの意味を共有化したり、解決策を探したりしながら、相互理解を図っていく一種のコミュニケーションである。対話においては、自分の意見を伝える時になぜそう思うのかという考えや背景も伝え、相手の意見を聴く時に相手がなぜそう思うのかという考えや背景も理解しようとしたり、自分の考えや背景に固執することなく相手の考えや背景を積極的に取り入れるという姿勢が求められる。

*9
ショーンの「省察的実践家」について、詳しくは次の文献を参照されたい。ドナルド・A・ショーン著（柳沢昌一・三輪建二監訳）『省察的実践とは何か―プロフェッショナルの行為と思考―』（鳳書房，2007年）。

実際、保育の優れた専門家は、ショーンのいう「省察的実践家」であろう。

●引用文献●

1）津守房江「足で叩く」『育てるものの目』婦人之友社　1984年
2）佐藤学「『中間者』としての教師―教職への存在論的接近―」『教育哲学研究』第75
　　号　1997年
3）津守真・森上史朗編『倉橋惣三著　育ての心（上）』フレーベル館　2008年 p.49
4）津守真著『保育の一日とその周辺』フレーベル館　1989年　p.82.
5）同上　p.83
6）同上　p.78

●参考文献●

Super,D.E., A Life-span, life-space approach to career development, *Journal of Vocational Behavior*, Vol.16, 1980, pp.282-298.

Schein,E.H., *Career dynamics: Matching individual and organizational needs*, Addison-Wesley, 1978

エドガー H.シャイン著（二村敏子・三善勝代訳）『キャリア・ダイナミクス』白桃書房 1991年

ドナルド・ショーン著（佐藤学・秋田喜代美訳）『専門家の知恵―反省的実践家は行為しながら考える―』2001年　ゆみる出版

Column ⑨

これから日本の保育制度はどうなるのか

東北学院大学　清多英羽

【保育・教育が変化する過渡期】

　保育を取り巻く環境は、刻一刻と変化し続けています。認定こども園をはじめとした、子育ての新しい制度や施設、取り組みは、時の政府の施策によっても扱いが異なってきましたし、今後もこの施策の終着点が見通せているわけではありません。そもそも、戦後の日本には、保育所と幼稚園という二大保育・教育施設が共存しており、それぞれが管轄を異にしていたことが、現状につながっています。保育を学ぶあなたは、保育・教育行政が大きく変化する過渡期に保育者論を学んでいるという自覚をもってほしいと思います。

　今後、日本の幼児保育・教育の制度はどのように変化していくのでしょうか。日本では義務化されていませんが、海外では小学校入学前に、日本なら幼稚園の年長クラスで1年間予備的に教育を受けることが義務づけられている国もあります。わが国においても、5歳児を対象にした保育・教育は、国が無償化を検討しているとの報道が流れることもありますが、具体的な見通しはついていません。

【時代が変わっても保育の尊さは変わらない】

　ただし、一つ言えることは、乳幼児に対する保育・教育への人々の期待は、年々増大しているということです。明治期以降に日本に輸入された保育は、長い年月をかけて現在の形へと整ってきました。多くの試行錯誤を乗り越えて、私たちは子どもたちにとって乳幼児期にふさわしい保育という働きかけが必要なことを理解しています。

　なお、2019（令和元）年10月にスタートした、幼児教育・保育の無償化は幼稚園、保育所、認定こども園などを利用する3歳から5歳児クラスの子どもたち、住民税非課税世帯の0歳から2歳児クラスまでの子どもたちの利用料が無料になる制度です。これまで以上に多くの子どもたちが幼児教育・保育を利用することになります。同時に、みなさんへの期待も大きくなるのだと肝に銘じましょう。

第10章
保育者の協働と連携

花壇の入れ替え

　園庭の片隅にある花壇で男の先生が花の植え替
えをしています。その様子を見て子どもたちが集
まってきました。一人の男の子が「コウイチ先生、
僕も手伝うね」と花の終わったパンジーを抜き始
めました。ある女の子は「コウイチ先生、まだ咲
いてるお花、もらってもいい？」と尋ねています。
その様子を担任のユイ先生は笑顔で眺めています。夏の花壇への植え替えをして
いるコウイチ先生の周りには、子どもたちが加わって、花壇の活動を一緒に行っ
たり、花殻を色水あそびに使おうと集めたり、ままごとの飾りにしようと摘んだ
りと、初夏の園生活を楽しんでいます。コウイチ先生はこの園の用務員です。花
壇や畑の手入れや飼育動物の管理、床のワックスがけや保育室の天井の蛍光灯の
交換もしてくれるので、子どもたちは憧れをもって見ています。

　つい先日まで、クラスでは風邪が流行していたので、看護師のアキ先生は、な
るべく保育室で遊ぶようにユイ先生と相談していました。また、例年この時期に
コウイチ先生が花の入れ替えを予定していることを聞いていたので、クラスの子
どもの回復の状態をみながら、外遊びの再開をいつにするか考えていました。そ
こで、ユイ先生はコウイチ先生と相談して、天気の良いこの日を花壇の入れ替え
作業日に決めて、子どもたちが喜んで遊べるようにしたのです。

　保育の場では、保育者だけではなくさまざまな職員が力を合わせて園の運
営にあたっている。子どもの健やかな育ちを保障するためには、保育者一人
一人が自分の資質を向上させることと共に、一同で「協働」して園全体の力
を高めていくことも欠かせない。本章ではこのテーマについて考えていこう。

1 │ 協働と同僚性の意味

そもそも「協働」とはどのような意味をもつ言葉だろうか。試みに辞書を
ひもといてみると、「同じ目的のために、対等の立場で協力して共に働くこと」
とある。「協働」と似た言葉に、「協同」がある。こちらは「複数の人または
団体が、力を合わせて物事を行うこと」とある。2つを比べてみると、「協働」
は「同じ目的」に対して「共に働く」点が強調されていることがわかる。

たとえば、クラス担任とはいっても、実際にそのクラスの業務を保育者一
人ですべてまかなっているわけではない。先のエピソードでみたとおり、園
での業務は、施設の管理や給食の調理、保健・医療など多岐にわたる。保育
者をはじめとしてさまざまな職員がかかわっているため、保育者における
「協働」はきわめて重要なテーマとなる。保育所保育指針で「協働」という
語が登場するのは、「第5章 職員の資質向上」である。

> 保育所保育指針「第5章 職員の資質向上　3 職員の研修等　（1）職場における研修」
> 　職員が日々の保育実践を通じて、必要な知識及び技術の修得、維持及び向上を図
> るとともに、保育の課題等への共通理解や協働性を高め、保育所全体としての保育
> の質の向上を図っていくためには、日常的に職員同士が主体的に学び合う姿勢と環
> 境が重要であり、職場内での研修の充実が図られなければならない。

全国保育士会倫理綱領においても、「私たちは、職場におけるチームワー
クや、関係する他の専門機関との連携を大切にします」とあり、保育所の協
働性につながる倫理が述べられている。

また、「協働」に関連して、近年では「同僚性」という言葉も注目される
ようになった。「同僚性」とは、たんに同じ園や職場で働いている同僚や仲
間をさすわけではない。保育のビジョンや展望を共有し、専門性を高め合う
仲間や関係性をさす言葉である。「わたしは○○園で、あの人は△△園だから」
などといった所属や仕事の範囲を超えて、保育の質を高め合う関係を世に広
く築いていくこと。それが結果としてより良い協働を生み出すことにつな
がっていく。

2 │ 保育のなかの協働の位置づけ

　本書の第4章で解説したように、質の高い保育を展開するために、「計画─実践─評価─改善」のPDCAサイクルを意識して保育にあたることが求められる。「協働」の目的にあるものは、子どもの最善の利益のために「質の高い保育」を届けることである。ここでは、保育の計画を「協働」という視点から改めてとらえ直してみよう。

　保育の計画のなかでも教育課程・全体的な計画の位置づけは重要である[*1]。教育課程・全体的な計画は、乳幼児が保育所に入所（入園）してから退所（卒園）するまでのすべての期間をカバーする保育の全体計画である。また教育課程・全体的な計画が対象とする保育は、いわゆる日常的な保育活動のみならず、園のすべての活動を対象としている。この点で、全職員が関わり、協力して作成しなければならないものとされている。

　保育所の全職員といえば、施設長や主任保育士、保育士のほかに、看護師、栄養士、調理員、事務職員、用務員、子育て支援センターの保育士も含まれる。さらに、延長保育補助員、一時保育対応保育士と、同じ保育士でもさまざまな立場から業務が行われている。さらに、正規職員と臨時職員や嘱託職員といった違いもある。

　業務内容、雇用形態、勤務時間も異なる職員が同じ保育所で、職務に携わることは、そう簡単なことではない。そのため、保育所の全職員で保育をすることを意識した全体的な計画が作成されることが重要となってくる。カリキュラムの編成を通して、共通理解のもとで共通のねらいに向かって保育を行う下地をつくるのである。

　子どもにとっては、正規であろうと非正規であろうと保育士はみな「先生」である。そのほかの職員も、看護師、事務職員、調整員、用務員も子どもにとってはかけがえのない「先生」なのである。大人から見た区別は、子どもには関係のないモノサシなのだ。

　保育所保育指針解説にある全体的な計画の具体的な作成手順には、職員間がなにを共有しておかなければならないかが記されている。

[*1]
第4章の図4-2（p.68）を参照。

保育所保育指針解説「全体的な計画作成の手順について（参考例）」

1）保育所保育の基本について、職員間の共通理解を図る。
　・児童福祉法や児童の権利に関する条約等、関係法令を理解する。
　・保育所保育指針、保育所保育指針解説の内容を理解する。
2）乳幼児期の発達及び子ども、家庭、地域の実態、保育所に対する社会の要請、保護者の意向などを把握する。

3）各保育所の保育の理念、目標、方針等について職員間の共通理解を図る。

4）子どもの発達過程を長期的に見通し、保育所の生活全体を通して、第2章に示す事項を踏まえ、それぞれの時期にふさわしい具体的なねらいと内容を、一貫性をもって構成する。

5）保育時間の長短、在籍期間の長短、その他子どもの発達や心身の状態及び家庭の状況に配慮して、それぞれにふさわしい生活の中で保育目標が達成されるようにする。

6）全体的な計画に基づく保育の経過や結果について省察、評価し、課題を明確化する。その上で、改善に向けた取組の方向性を職員間で共有し、次の作成に生かす。

　ちなみに、計画が重要であることは、なにも保育だけに限ったことではない。試みに、あなたが仲の良い友だちと旅行に行くことをイメージしてみればよい。現地に行く前に、どこを訪れるかを話し合って決めておくグループと、現地についてから行先を話し合うグループとでは、どちらがよいだろう。はじめから目的やゴールを共有していれば、迷うことなく協力や役割分担ができる。保育も同じことである。

第2節　専門職および専門機関との連携

　保育者は園内の職員だけでなく、園外の専門家や専門機関とも連携を図っていく必要がある。連携が求められる主な分野として、保育所保育指針解説は以下のものをあげている。

- ・　保健・医療における連携
- ・　母子保健サービスとの連携
- ・　食育の取り組みにおける連携
- ・　障害等のある子どもに関する連携
- ・　虐待防止等に関する連携
- ・　災害時発生時における連携
- ・　学校との連携

　具体的な連携の相手としては、病院や診察所、保健センター、保健所、療育センター、福祉施設、児童相談所、福祉事務所、警察・消防、市町村、学校、教育委員会、児童館、ファミリー・サポート・センター、家庭的保育、児童委員・主任児童委員などのボランティア、NPO法人などがある[*2]。地域にどのような専門機関があるのか、また連絡の取り方はどのように行うのかを日頃からわかるようにしておき、なにかあったときは園内の職員誰もが

*2
　第5章の図5-3
（p.86）を参照。

すぐに対応できるようにしておきたい。

　たとえば、子どもが虐待や不適切な養育を受けている可能性を感じたら、保育士は福祉事務所や児童相談所に通告する義務がある。児童虐待の発見後の対応としては、関係機関が連携して対応する「要保護児童対策地域協議会」（子どもを守る地域ネットワーク）が各市町村におおむね設置されている。メンバーは、警察・司法、教育、保健・医療の従事者で構成されるが、もちろん保育者も含まれる。

　小学校との連携については、「小1プロブレム」*3が話題となっている昨今、保幼小のスムーズな接続は喫緊の課題である。就学に向けて、園の幼児と学校の児童の交流、職員同士の交流、保育・教育内容の相互理解などへの取り組みが期待されている。

　このほかでは、子ども・子育て支援新制度において再編された家庭的保育や小規模保育が「連携施設」を必要としていることも特筆しておきたい。家庭的保育や小規模保育はいずれも0〜2歳を対象としており、待機児童の多い都市部や子どもが減少している地方など、地域のさまざまな状況に合わせて保育の場を確保するために生まれた保育施設である。連携施設は、保育内容の支援を行うとともに、卒園後の子どもの受け皿の役割を担うものである。このように、保育者は自分の園に通っている子どもたちだけでなく、地域の子どもたちも視野に入れなければならない。

*3　小1プロブレム
　小学1年生の児童が落ち着かず、授業が成立しない問題をさし、1990年代半ばから全国で報告されるようになった。園では好きな場所に座り、自由にトイレに行けるのに対し、小学校では決められた席に座る、授業中は立ち歩かないなど、環境の変化が原因と言われるが、他にもさまざまな時代の変化から生じているとする見方もあり、実際の原因は不明。

第3節　保育者の資質向上における協働

1 ｜ 子どもの健康および安全のために

　子どもの健康や安全は、大きく次の4点からとらえることができる。

①　子どもの健康支援
②　環境及び衛生管理並びに安全管理
③　食育の推進
④　健康及び安全の実施体制

これらのうち、保育者の協働性と関わる点について解説しよう。

①子どもの健康支援

　保育所では、とくに健康に関して子どもの健康に関する保健計画の作成が求められる。作成は主に看護師があたる。看護師は子どもの健康や安全の専

門職として園に配置された専門職であるが、保健計画の作成にあたっては、保育の計画と同様に、全職員がそのねらいや内容を理解して、子どもたち一人一人の健康の保持と増進に努めなければならない。また、感染症やその他の疾病の発生予防に努めるため、その発生や疑いのある場合には、しっかりと症状へ対応し、記録を取り、嘱託医等に連絡したうえで指示を求める。同時に、保護者や全職員に連絡し、協力しながら対応していく。

②環境及び衛生管理並びに安全管理

なによりもまず事故防止及び安全対策が必要となる。保育所での事故の防止のため、子どもの心身の状態を把握して、園内外の安全点検に努め、安全対策のために職員の共通理解や体制づくりが必須である。

③食育の推進

食育において注意すべき点として、食物アレルギーへの対応がある。調理する担当を決め、アレルギー児の除去食にはラップをし、除去した食材と氏名を書いたメモを貼り、それを担当保育士に直接声をかけて注意を促すなど、きめの細かい連携が求められる。

④健康及び安全の実施体制

子どもの健康や安全に対する第一義的な責任は、保育所の施設長にある。このことをふまえつつ、全体的な計画にもとづいた保健計画を作成し、計画的に実践していかなければならない。そして、その実践においては、全職員の連携と協力がなければ不十分なものとなる。

2 | 保育者の資質向上に向けて

資質向上は一人一人の努力が基本となるが、保育実践や保育内容について職員の共通理解を図ることで協働性を高めていくことも求められる。保育所における乳幼児に対する保育は、保育者が各々に実践し、子どもの育ちに関わっているのではなく、園全体で子どもの育ちを保障しているという認識が大切である。また、保護者との信頼関係を構築しながら保育にあたることも期待されている。

保育所保育指針「第5章　職員の資質向上　4　研修の実施体制等　(2)組織内での研修成果の活用」
　外部研修に参加する職員は、自らの専門性の向上を図るとともに、保育所における保育の課題を理解し、その解決を実践できる力を身に付けることが重要である。また、研修で得た知識及び技能を他の職員と共有することにより、保育所全体としての保育実践の質及び専門性の向上につなげていくことが求められる。

　子どもの成長の喜びは、子どもと保育者と保護者の間に信頼関係を生み出す。その喜びは、時にそれまでの失敗やつまずきも乗り越えさせてくれる大きな力をもっている。こうした信頼関係がベースとなって、職員の主体性や意欲が培われ、職員同士の学びあいや育ち合いを支え、保育の質を高めていくことにつながっていく。すなわち、本書のタイトルにあるように、保育者の学びとはまさに“子どもと共に育ちあう”プロセスなのである。

　職員の資質を向上していくには、組織的な「研修」も重要である。研修においては、職員一人一人が主体的に学んでいこうとする姿勢（自己研鑽）をもたなければならないが、他の職員や関係諸機関との間で共に学びあい、保育所全体を活性化していくことも求められる。

　また、外部研修は、同じような保育経験や課題をもつ保育者同士が交流し、専門的な知識や技能を共有したり、情報交換したりしながら学びを深める貴重な機会である。そうした中で、自分たちの保育の良さに改めて気付いたり、課題解決への手がかりを得たりすることが可能になる。さらに、研修で得た学びを職場に持ち帰り、職員間で共有し合うことで園全体の保育の質及び保育者の資質の向上につながっていく。

　保育所は、入所する子どもによっては一日の大半を過ごす生活の場所となる。保育時間が長い子どもに対しては、複数の保育者が保育にあたることとなる。そのため、引継ぎなどにおいては、保育者間の連絡を密に行っておかなければならない。たとえば、乳児の保育では、担当の保育者が替わる場合、その日の機嫌や食事の分量、おむつ替えの回数など細かな様子を知らせる必要がある。乳児一人一人の生活の様子を保育者同士が確認できるように、ボードに書いていく園もある。子どもの経験や発達は一人一人異なるため、職員間で協力して連絡し、対応することが大切となる。

　「気になる子ども」や障害のある子どもの場合、情報共有の重要性は増す。その際、保育に携わる職員には守秘義務があるため、個人情報の取り扱いについてはくれぐれも注意しなければならない。守秘義務をふまえたうえで、施設長は職員が定期的に話し合いを行うような場を設けることが望ましい。

保育カンファレンスでは、子どもの情報を共有し、検討・判断していく。た
とえば、発達に関する巡回指導の担当者に相談すべきなのか、小児科や発達
相談の専門相談窓口に紹介するべきかなどを、その子にとって最もよいと思
われる支援をあらゆる視点から考えるのである。繰り返しになるが、保育は
子どもの最善の利益のためにあり、そのための「協働」であるということを
忘れてはならない。

●参考文献●
厚生労働省『保育所保育指針』フレーベル館　2017年
厚生労働省『保育所保育指針解説』フレーベル館　2018年
文部科学省『幼稚園教育要領』フレーベル館　2017年
三浦光哉・井上孝之『小１プロブレムを防ぐ保育活動　理論編』クリエイツかもがわ
　2013年

Column ⑩

保育現場からのメッセージ

札幌西友愛認定こども園園長　数馬清子

　保育所は子どもにとって第二の家庭であり、人間の根幹の部分を育てる場所です。保育所保育指針をもとに、保育方針、保育目標がつくられます。保育所での子どもの育ちは、家庭での育ちと地域での育ちのバランスが大切です。

　遊びの主体は子どもであり、その主体性に大人の思いを反映した保育内容でなくてはなりません。養護・教育ともに日常生活の積み重ねですが、保育の現場は一日たりとも同じ日はありません。子どもの行動の背景にある思いや願いを読み取り、子どもみずから育つ可能性を信じ、成長を支え続けることが大切です。一生懸命やれば良い保育ができるとは限りません。保護者の協力も必要です。また、給食については、食事は文化であり、安心して食べられるもの提供しなければなりません。

　保育現場で期待される能力は、資格を取得し理論・経験を積めばできるというものではありません。日々、子どもたちから学ぶ姿勢が大切であり、保育の基本的なスキルだけでなく多岐にわたる専門性を身につけることです。

　現場で求められる保育者像の例をあげてみましょう。

- ・　社会人として働き方を習慣づけることができる人
- ・　職場の備品を大切に扱い公私の区別をつけることができる人
- ・　自分の役割や職務に自主的に取り組める人
- ・　報告・連絡・相談をタイムリーにできる人
- ・　緻密な保育の計画のもとにその場に即した保育ができる人
- ・　保育に真正面から取り組み真剣に子どもとかかわっていける人
- ・　保育者として成長を促すため「自己認識」ができる人
- ・　子ども、保護者、地域の人、職員との信頼関係を育むことができる人

　「○○先生と出会えてよかった」と子どもたちや保護者から言われる保育者をめざしましょう。

第11章
日本の保育と世界の保育

エピソード

世界の子育てに目を向けてみると ────────

　デンマークやフィンランドでは、マイナス10度の寒さでも子どもを乳母車に乗せたまま、外で昼寝をさせる習慣がある。新鮮な空気を吸って体が丈夫になり、また、外のほうがぐっすりと長く眠れるためであるという。

戸外にて、乳母車のなかで昼寝をする赤ちゃん

　このように、日本では考えられないことが世界のある国では常識、ということは少なくない。あなたがかかわる保育の場でも、さまざまな文化の子どもや保護者に出会うかもしれない。本章では、世界の保育事情に触れることで、あなたの保育への考えを豊かにしていただきたい。さあ、世界の保育をのぞいてみよう。

第1節 多文化保育について

1 | 多文化保育と向き合う

　みなさんは、多文化保育と聞いてどのようなイメージをもつだろうか。「日本で保育するのだから関係ない」「身近に外国籍の子どもがいないから関心

がない」。このような考えを抱いていないだろうか。確かに、身近に多文化共生の例がない場合、差し迫った課題としてとらえるのは難しいかもしれない。

わが国において、1990年以降、労働者や留学生として在日するようになった外国人、すなわちニューカマー（newcomer）と呼ばれる人の数は、地域によって偏りは見られるが全体としては年々増加の一途をたどっている。それに伴い保育所や幼稚園において、両親もしくはどちらかの親が外国出身者という園児が増えているのである。このような現状にあるにもかかわらず、前述したように、保育者や保育を学ぶものが多文化保育を"他人事"ととらえていたら、どうなるだろうか？　まず、多文化保育と向き合うことから学びをはじめてみよう。

次に紹介するのは、保育者2年目のサトコ先生の体験談である。みなさんの身にいつ起こっても不思議ではない事例である。共に考えてみよう。

エピソード

母親が中国籍のSくん①（3歳児） ─────────────

「私は、私立保育園に勤務して2年目の保育者です。これまで、多文化保育なんて自分とは関係ないと思っていました。なぜなら、私が勤務している園や地域には外国籍の方はいなかったからです。しかし、多文化保育に真剣に向き合う機会が突然やってきました。

中国籍の母親と日本国籍の父親のお子さんSくんが、父親の転職に伴って年度途中で入園してきたのです。はじめは、「言葉の問題が大きいのかな」と漠然と考えているだけでした。日々の保育も忙しいですし、とくに心構えもしていませんでした。

Sくんがクラスに入って数日、心配していた言葉の問題は、こちらが拍子抜けするほど簡単に解決していきました。子ども同士のコミュニケーション能力の高さに驚きました。しかし、予期せぬ困難が待ち受けていたのです。それは、文化の違いや、外国籍の保護者への配慮ということを、私がまったく考えていなかったために引き起こされたことでした……。」

2 ｜ 保育者に求められる配慮

サトコ先生の前に立ちはだかった困難とは、どのようなものだったのか。みなさんも考えてみよう。「文化の違い」「外国籍の保護者への配慮」をまったく考えていなかったというサトコ先生は、反省を次のように語っている。

**エピソード**

母親が中国籍のSくん②（3歳児）──────────────

　「ある日、Sくんの母親が、『保育園で朝食を食べさせてください』と唐突に申し出てきたのです。理由を尋ねると、「朝ごはんを食べさせる時間がないので、園で用意をして食べさせてください」とのことでした。母親は、当然のことのように話していましたが、本園は朝食を出さない方針でしたので、お断りすると、納得できないと泣き出してしまいました。これには保育者一同驚いてしまいましたが、父親から事情を聴いたところ、中国では朝食や夕食を食べさせてくれる保育園が主流だとのことでした。私たちは園の方針で食事の提供はできないと伝えたつもりでしたが、母親には理由までしっかり伝わっていなかったのです。

　また、こんなこともありました。親子遠足の時です。ふだんは給食ですが、この日は弁当を持参してもらいました。昼食をとる時間になって、Sくん親子が離れた場所でひっそりと食べようとしています。みんなと一緒に食べようと誘いに行くと、こっそり母親が「みんなのお弁当は立派。私のは恥ずかしい」と耳打ちしてきました。はっとしました。確かにほかの家族の弁当はキャラクターをかたどった"キャラ弁"だったり、色とりどり工夫が凝らされています。私は、それらを当たり前のこととしてとらえていたのです。

　Sくんが入園して、保育者である私に欠けていた配慮に気づきました。Sくんの母親と積極的にコミュニケーションをとって相手を理解しようとしなかったこと、そして、自身の保育や文化が当たり前と思い込み、相手に伝えようとしなかったことです。この出来事をきっかけに、私たち保育者は他の国の文化を理解する場をもち、自国の文化や保育について相手に伝えられるようにしていこうと話し合いました。子どもの最善の利益が守られることは当然ですが、保護者支援も保育者の大切な役割です。多文化保育において、私たちに求められる配慮について、しっかり学んでおくべきだったと反省しています。

　いま、Sくんも母親も周りの仲間に囲まれ、一つひとつ教え、教えられながら日々を過ごしています。言葉の壁や文化の違いは消えませんが、むしろ違いに驚き、楽しんでいます。」

　サトコ先生は困難な局面にぶつかったが、大切な気づきを得ている。この事例から、みなさんは何を学んだだろうか。多文化保育において、違いを歓迎し、さらに保育を豊かにするために、保育者としてどのようなことに配慮すべきかを学んでおく必要がある。次にあげるのは、多文化共生の保育の場で多くの保育者が抱える問題点である（表11−1）。

表11-1　多文化共生の保育の場でみられる主な問題点

言葉の問題	・言葉の違いから子どもの思いが把握できず、信頼関係が築きにくい。 ・子ども同士の会話が成り立たない。
生活習慣の違いによる問題	・午睡の習慣がない。 ・お風呂に入らない。
食習慣の違いによる問題	・給食の味付けが合わず、食が進まない。 ・宗教上の理由で食べられない食材がある。 ・生野菜を食べることができない。
時間に対する感覚の違いによる問題	・保護者が時間にルーズで、登園時間や行事の開始時間に間に合わない。
その他	・ピアスを身につけているため、けがや子ども同士のトラブルに配慮する必要がある。 ・衣服や履き物の違いから、遊びに支障が出る。

　このように、外国籍の子どもや保護者への配慮は多岐にわたるものである。保育者は、このような課題に一つ一つ丁寧に向き合い、その子らしさが尊重されるような保育を展開していくことが望まれる。先に述べたサトコ先生のエピソードから、外国籍の保護者に対して保育者が、一人ひとりの課題を見極めるために対話を重ね、相手の文化や抱えている葛藤、不安、戸惑い、主張を理解しようとする心構えの重要性が見えてくる。保育者と保護者、社会全体が共に手を取り合って子どもの育ちを見守ることで、子どもが"今、ここ"を幸せに生きていくことができるのである。外国籍の保護者の場合、とくに多様なケースに寄り添った配慮が必要だといえるだろう。

3 ｜ 違いを「困ったもの」から「豊かなもの」へ

　ここでもう一度、「多文化保育」とは何か、問い直してみよう。多文化という言葉は、国際化や異文化と異なり、異文化間という言葉に近似しており、"人間としての尊厳や平等と自由"さらに"地球市民性"という言葉にきわめて親和的な関係にある[1]。したがって、保育における多文化共生を考える時、子どもの日本文化への適応ばかりを視野に入れ、既存の保育の形態を当てはめて考えるのではなく、その子どもの人間としての尊厳を第一に考えることが重要になってくる。そのためには、外国籍の子どもが育ってきた文化や環境の違いをしっかり理解することが求められる。

　このように考えると、多文化保育とは、保育を豊かにする可能性を秘めた営みであることが見えてくる。この地球上に、どれほど多くの文化が存在するか。その一端を、保育室や保護者との関わりのなかから感じることができるのである。多文化について理解しようとする心構えがあれば、違いは困っ

たことではなく、豊かなものになる。

4 | ブリコラージュという方法

① かけらとかけらをつなぎあわせていく

　保育を学ぶあなたは、日々の保育実践や保育実習において、保育の計画に書き尽くせぬ保育の展開の複雑さを感じているのではないだろうか。本書では、保育に役立つ新たなキーワードとして、「ブリコラージュ」を紹介したい。もちろん多文化保育にも大いに活用できる考え方である。

　ブリコラージュは文化人類学者のレヴィ＝ストロース*1の言葉であり、「断片を合わせて繕う」という意味である。現代の画一的にものを大量につくる生産方法に対して、昔ながらに多種多様の仕事をすることができる人を、彼はブリコルール（＝器用人）と呼んだ。ブリコルールはエンジニアとは違って、材料や器具がなくては仕事ができないわけではない。その時々の限られた道具と材料で、すなわちその場にある「もちあわせ」*2でなんとかするのがブリコルールであると述べている。

② 「もちあわせ」に潜む無限の可能性

　計画どおりにいかず、どう出るかわからない営みである保育はまさにブリコラージュであり、保育者はブリコルールと言えよう。レヴィ＝ストロースによれば、「もちあわせ」とは「いろいろな機会にストックが更新され増加し、また前にものを作ったり壊したりしたときの残りもので維持されている」2)という。つまり、きれいな材料や新品の部品でなくとも、壊れたかけらやそのあたりに落ちているものでもよいのである。

　たとえば、完成形が見えているパズルと、完成形の見えないブリコラージュの違いを比べてみよう。前者にはあらかじめ決められた数のピースが存在する。一方、後者は「もちあわせ」だが、その数と質を高めることによって無限にさまざまな形が展開できる可能性をもっているのである。

　この考え方によれば、豊かな保育実践のためには、保育者がどのような「もちあわせ」をもつかが大きな鍵となる。そこで、あなたが保育の「もちあわせ」を増やし、より豊かな保育の世界を展開できるきっかけとなることを願って、これより海外の保育の様子を紹介しよう。

*1
　クロード・レヴィ＝ストロース（Claude Levi-Strauss 1908－2009）
1908年ベルギーに生まれる。文化人類学者。ブラジルのアマゾン先住民の研究などをとおして、西洋文明の批判を行った。

*2
　レヴィ＝ストロース著（大橋保夫訳）『野生の思考』（みすず書房、1976年）より。レヴィ＝ストロースの代表作の一つ。すべての文化にはブリコラージュにたとえられる「野生の思考」が働いており、文化は優劣で比べるものではなくそれぞれが対等であるとした。20世紀の思想史における大きな転換点となった。

第2節 海外の保育に学ぶ

1 | 世界のさまざまな保育事情

　保育の基本理念は、子どもの最善の利益を保障するというものであるが、世界に目を向けると、その制度や保育観は多様である。OECD（経済協力開発機構）が出した『人生の始まりを力強く』と題した報告書には、世界には二つの対照的な子ども観が存在していると述べられている[3]。

　一つは、「未来への準備、学校への準備」のための保育[*3]であり、もう一方は、「今、ここにある生活そのものこそ大事」という保育[*4]の考えである[4]。前者はアメリカ、イギリス、フランス、中国、韓国などであり、後者にあたる国々は、ニュージーランドや北欧諸国などである。

　ニュージーランドは、世界的に早い時期に幼保一元化を実現した国としても知られている。また、ベルギーでは義務教育は6歳からであるが、2歳半から受け入れている幼児保育園は、希望するすべての子どもの通園が可能となっている。ほかに、イギリス、スウェーデン、デンマーク、フィンランドなども教育省や社会福祉省に一元化している。

　これら幼保一元化が実現している国々に共通しているのは、「どの子にも同等の保育の機会と質の保障を」という考えである[5]。日本でも保育の新制度がスタートしたが、保育の質はしっかりと保障されているだろうか。他国の事例から学び、保育という営みを問い続けていきたいものである。

> *3
> 「就学準備型」という。小学校への準備に向けた教育を重視し、とくに読み書き能力、計算能力の育成に力を注ぐ。

> *4
> 「生活基盤型」ともいわれ、子どもの興味や関心に基づいた主体的な学びや気づきを重視する。

2 | デンマークの保育から見えてくること

　デンマークの保育は、子ども時代を尊重しており、時間のなかに活動を詰め込み、保育内容を押しつけることはしない。子ども時代を奪うことは決してしないという意識が、社会に共通認識されているのである。食事、昼寝、散歩など、子どもと相談し、話し合いながら取り入れていく。

　たとえば、子どもが朝ごはんを食べたにもかかわらず、持参した弁当を昼食前に食べたいと言い出したとする。すると保育者は、子どもの気持ちを尊重し、子どもが食べたい時に食べるよう促し、その結果、子どもが後悔した場合にはどうすればよいか一緒に考えるという寄り添い方をするのである。

　そこには、当然ながら責任も生じる。放任と違うところは、自由と共にもたらされる責任というところまで、子どもが学んでいけるように寄り添うと

いう点にある。

　この根底にある保育観は、「自分の道を自分の足で歩いていく人間になってほしい」というものである。育てたい人間像が明確なのである。これは、社会全体で共通に理解されており、保育者も保護者も一致した見解である。したがって、前述したようないわゆる"早弁"への対応も、周囲の大人の共通認識のもとになされているということになる。

　このように子どもの自己決定を大事にする保育が展開されているデンマークでは、大人が子ども「に」話をするのではなく、子ども「と」話をすると言われる。「あなたはどう思うの？」と聴く姿勢を大切にしながら、一緒に考える。見守りながら待ち、最終的な判断は子どもを信頼し委ねることで「個」の尊重をしているのである。

デンマークの保育のひとこま

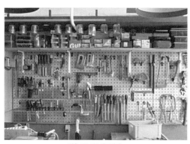

道具の収納
子どもたちが使う道具類は、保育者と共に相談しながら収納していく。こうすることで、自分たちが使う道具であるという誇りと責任が積み重ねられていく。また、子どもにとっての使いやすさ、片づけやすさも考慮されている。

多文化理解
肌の色の違う人形がそろえられている。これは、子どもたちから、「肌の色はいろいろある」という意見が寄せられたことを受けて用意された。移民が多い国柄が環境のなかにも見て取れる。子どもの声が保育に反映されていることもうかがえる。

③　｜　フィンランドの保育から見えてくること

　フィンランドでは、家庭でも保育の場でも、子どもと大人、子ども同士、大人同士とにかくよく話し合う。フィンランドの子どもは、たとえば３歳児や４歳児も堂々と自分の意見を伝える。これは、周囲の大人に真剣に意見を聴いてもらえることによるのだろう。保育の営みにおいても、子どもと保育者が対話をとおしてつくり上げていく場面が多く見られる。フィンランドのある園を例にみてみよう。

　この園では、「真珠の岸」（３歳未満）、「星の原」（２歳〜４歳）、「魔法の森」（４歳〜６歳）の３つのクラスに分かれている。園児数は65名、保育者・職員は15名である。この園の保育者によると、保育方針は各保育者に任されているという。

　たとえば、ある保育者は、「想像力・自己決定・自信」を育むために"ねらい"を立てて保育を実践している。国からは、「平等と自主性」を大切にするよう指針が伝えられ、園からは、「子どもの考えを理解する力をもつこと」「子どもと話し合う時間をもつこと」「子どもの立場に寄り添うこと」「子どもから教えられること」を意識して保育することが確認されるという。

　保育環境の構成において配慮している点は、次のとおりである。

---

① 子どもとの対話をとおして、居心地のよい保育環境をつくり上げていく。
② 保育者が楽しみ、おもしろいと思う環境をつくる。保育者の「楽しい」「おもしろい」という感情も大切な環境である。
③ フィンランドには極夜期[*5]が存在するので、暗さを活かして光の美しさや心地よさを環境に取り入れる。
④ 食事の時間は、大人も子どもも寛ぐことができるように配慮する。
⑤ 保育者同士の対話は重要であるから、職員室は居心地よく、寛ぐことができる場にする。

---

*5　極夜
　日中でも薄明か、太陽が沈んだ状態が続く現象。対義語は、白夜。

　このように留意され工夫された環境の実際を以下に紹介する。

照明の調整
集まりの場で、室内の照明を落として物語を語り始める保育者。明るさも大切な表現方法としてとらえられている。

 フィンランドの保育のひとこま

食事とキャンドル
おやつの時間に灯されたキャンドル。食事の時間を楽しみ、心地よく食事をとるための環境が配慮されている。

空間の演出

空間をどのように演出するか、どのような保育室にしたいか、子どもと保育者で語り合い、モビールや壁面装飾を飾る。

職員室

職員室。保育者同士の対話が生まれやすいように、また、心地よく休憩を取ることができるように構成されている。

4 | 豊かな保育実践のために

　以上、他国の保育の一端として、北欧2か国の保育実践を紹介した。異国であるから、保育のスタイルや考え方が違うのは当然である。ここで感じてほしいのは、国による保育の違いではなく、「保育者の思い」である。どのような保育にも「保育者の思い」、すなわち保育観が込められている。どのような保育観をもつか、その保育観を支える子ども観をどのようにもつか、考え続け、問い続けることも保育者の専門性である。2か国の事例をもとに、自身の保育観や子ども観を振り返ってみよう。そして、自身の「もちあわせ」を増やし、より豊かな保育実践をめざしていくことを期待している。

●引用文献●

1）萩原元昭『多文化保育論』学文社　2008年　p.6
2）クロード・レヴィ＝ストロース『野生の思考』みすず書房　1976年
3）OECD編著『OECD保育白書　人生の始まりこそ力強く』明石書店　2011年
4）大宮勇雄『学びの物語の保育実践』ひとなる書房　2010年
5）小野順子「幼保一元化に関する考察（Ⅱ）」『中国学園紀要』　2010年

●参考文献●

J.ゴンザレス＝メーナ著（植田都・日浦直美共訳）『多文化共生社会の保育者』北大路書房　2004年
ボニー・ノイゲバウエル編著（谷口正子・斉藤法子訳）『幼児のための多文化理解教育』明石書店　1997年
大場幸夫・民秋言・中田カヨ子・久富陽子『外国人の子どもの保育　親たちの要望と保育者の対応の実態』萌文書林　1998年

写真：筆者撮影

Column ⑪

保母、保父、保育者、そして人間

諏訪保育園園長　島本一男

【男の先生は人寄せパンダ？】

　私がサラリーマンから転職をして保育の世界に入ったのは1977年、ちょうど男性も保育資格を取れるようになった年です。資格もなく用務員として飛び込んだ保育所でしたが、男の先生が来たということで大変めずらしがられ人寄せパンダとも言われました。

　しかし、ノルマのあった営業時代と比べて、保育の世界はとっても温かく、なんだか心が解放された素敵な毎日だったという記憶が残っています。2年後に資格を取り、用務員という立場で気楽に仕事をしていた環境から、本格的に子どもと向き合う保父になりました。

　「保父」とは当時、保母に対して男性保育者につけられた呼称です。女性の職場に飛び込んだ男性ということで力仕事とか、もっと体を使ってダイナミックな遊びをしてとか、女性とは違った働きぶりを周囲から求められました。その時は子どもの期待に応えるというより、周囲の期待に応える働き方をして、満足感を感じていましたが、それは男女に対する子育ての役割とも似ていて、社会が決めつけた偏見（ジェンダー）だと思いました。だから保育のなかでも簡単に男女をわけたり、色を決めたりすることには抵抗があり、とても注意をしています。

【先生！　もう遊んでいい？】

　また、男性だということで毎週、運動遊びという時間をもらい、体育的な遊びを続けていきました。しかし、ある日のこと、運動遊びをした後に5歳の男の子が「先生！　もう遊んでいい？」と聞いてきたのです。この一言も私の保育のなかでとても大切な言葉になっています。私が一緒に遊んでいると思ってやっていたことは、子どもにとっては本来の遊びではなかったということに気づいたのです。この時を境に、保育者が遊びのリーダーとして指導したり、一斉に何かを伝えたりするという時にも、子どもの気持ちをいつも考える保育者になりたいと思うようになったのです。

　それからは子どもと楽しい時間の共有を意識し、子どもが一緒にいたいと思ってくれる人になりたいと思いました。それは同時に園生活を楽しむための文化や美意識を高めていくことにもつながっていきました。そう考え始めたら、保育という仕事はonもoffも境目がないほど楽しめるものだと思うようになりました。

【子どもがこの人と一緒にいたいと思ってくれる人間になりたい】

　それから30年、卒園まであとひと月余りになった小春日和の日。子どもたちをきれいな花で送り出そうと考えながら園庭の花壇を見ていると、年長の男の子が私の手をスッと握って来ました。そして、「園長先生、また畑借りてさ、一緒に野菜を植えに行こうよ」と言ったのです。そう言えば、その子とは近くの畑に2人で行って草取りや収穫をしたことがありました。

　遊んでいる子どもたちに「畑に行きたい人」と言った時、その子だけがついて来たのですが、保育中に1人の子どもと一対一でかなりの時間を過ごすということはあまりないと思います。担任をもてない園長の特権かも知れませんが、そんな体験がこの子にとっては楽しかった思い出として刻み込まれたということなのでしょうか。子どもがこの人と一緒にいたいと思ってくれる人間になりたい。それは保育士の資格以上に大切な専門性だと私は考えています。

おわりに

　保育者になるために、どのような準備や心構えが必要なのでしょうか？
そもそも保育者とは、どのような存在なのでしょうか？　本書は、そんな「保育者」に関する初歩的な問いから、保育現場で直面するであろう疑問や不安に応えられるよう、数多くの具体的なエピソードを用い、わかりやすい編集を心掛けました。保育者に求められる仕事や役割、その後の成長に必要なスキルなどについても、最新の保育情勢や今後の展望、海外の保育事情も盛り込み、読者の疑問に丁寧に応える構成になるよう努めたつもりです。各章のエピソードや章末のコラムからは、保育の仕事がとてもやり甲斐のある素晴らしい仕事であることが、今後保育の道を目指す学生たちに伝わるはずです。

　本書の中で多数引用されている「日本の幼児教育の父」こと倉橋惣三氏や、津守真氏の保育観は、変化の激しい時代において現在に通じる「不易」のものとして受け継がれています。先人たちが苦労して築き上げた礎の上に本書が存在していることは論を俟ちません。

　本書が将来保育者を目指す学生や、日々、子どもたちと向き合い、より良い保育を実践しようと願う現役の保育者にとっても、新たな気づきや数多くの学びにつながる一冊となることを執筆者一同、心より願っております。

　最後になりましたが、本書の刊行にあたり、さまざまなご高配を賜った株式会社みらいの竹鼻均之社長、稲葉高士氏、米山拓矢氏、また、さまざまな角度から保育者の役割や専門性についてご執筆頂いた著者の皆様に衷心より御礼申し上げます。

2020年1月

編者　山﨑敦子

保育・子育てにまつわる名作コーナー

保育者をめざすあなたへ味わってもらいたい絵本やマンガ、映画を紹介します。

『ダンプえんちょうやっつけた』
ふるたたるひ・たばたせいいち作
童心社　1978年

　わらしこ保育園の園長は、ダンプカーのように体の大きな男性保育者で、年長くじら組の子どもたちにとっては、いつかやっつけたいライバルです。子ども向けの絵本ではありますが、保育者として読む時、大人が本気で子どもと向き合い、遊ぶことの意味を教えてくれる一冊です。

『おこだでませんように』
くすのきしげのり作・石井聖岳絵
小学館　2008年

　家でも学校でもいつも怒られている「ぼく」が、教えてもらったひらがなひとつずつに心をこめて、七夕さまの短冊に書いた願いごとがこの絵本のタイトルです。子どもは皆、大好きな人に認められたい。褒めてもらいたい。そんな心の叫びが聞こえてきます。保育者、親、子どもとかかわるすべての人にぜひ読んでもらいたい一冊です。

『新人保育者物語　さくら』
村上かつら作・百瀬ユカリ監修
小学館　2011年

　主人公である新人保育者さくらの1年間を通して、保育者の心情をリアルに描いているマンガです。ところどころにコラムのような形で実習を振り返るポイントも紹介されており、保育者を目指し養成校に通っている学生にぜひ読んでいただきたい。

『マップス：新・世界図絵』 絵本

ミジェリンスカ、アレクサンドラ、ジェリンスキ、ダニエル著
徳間書店　2014年

　世界の人々の暮らし、特徴を楽しみながら知ることができる大型絵本です。とにかくイラストがユニークで魅力的。どのページを開いても、時間を忘れて見入ってしまいます。世界は広い！　そして、おもしろい！と、感性を揺さぶられる一冊です。

『ちいさな哲学者たち』 DVD

ジャック・プレヴェール幼稚園の園児たち、先生たち（出演）
ジャン＝ピエール・ポッツィ（監督）　発売元：ファントム・フィルム、販売元：アミューズソフト　2010年

　子どもが抱く問いは、時に本質的で哲学的なものです。この「問いかける力」を教師はどのように受け止めたらよいのでしょうか。このDVDでは、幼稚園という場で教師と子どもが共に哲学的探究をする姿が描かれています。子どもと共に思考する意味を考えさせてくれる作品です。

『おばあちゃん』 絵本

大森真貴乃作・絵
ぽるぷ出版　1987年

　この絵本は、元気だったおばあちゃんが、次第に認知症になり、その後寝たきりになって、亡くなるというお話です。現代人の加齢について、子どもの目線でわかりやすく構成されています。人が亡くなるという自然な現象について、無理なく理解を促す一冊です。

索引

子どもと共に育ちあう
エピソード保育者論　第2版

2016年2月10日　初版第1刷発行
2019年3月1日　初版第4刷発行
2023年8月1日　第2版第3刷発行

編　　　集	井上　孝之
	山﨑　敦子
発 行 者	竹鼻　均之
発 行 所	株式会社みらい

〒500-8137　岐阜市東興町40　第5澤田ビル
TEL　058-247-1227(代)
FAX　058-247-1218
https://www.mirai-inc.jp/

| 印刷・製本 | サンメッセ株式会社 |

ISBN978-4-86015-497-4 C3037
Printed in Japan　　　　　　　乱丁本・落丁本はお取り替え致します。